ジャック・デリダ

たわいなさの考古学

コンディヤックを読む

飯野和夫訳

JACQUES DERRIDA : L'ARCHÉOLOGIE DU FRIVOLE

人文書院

目次

凡　例

一、翻訳にあたり、原文中の≪　≫は「　」、イタリック体の語は傍点、またイタリック体で示された書名・雑誌名等は『　』で示した。本文および原注の中で、〔　〕は訳者による補足である。また、引用文中、（……）は中略、［　］はデリダによる補足、〔　〕は訳者による補足を示す。原文で用いられた——（ダッシュ）には訳文でもダッシュをあてたが、それ以外にもダッシュを使用した場合がある。

一、参照のための原語は初出時に（　）内に示した。異なる原語に同じ訳語を使った場合は、おおむね原語が入れ替わるときその原語を示した。

一、原著で引用は改行なしに論述中に組み込まれているが、本書では読みやすさを考え、引用として独立したものは前後を一行空け、字下げをして示した。英訳書でもおおむねこうした措置がとられている。

一、原著の脚注は本文中に挿入した。出典はすべて本文中の引用の末尾に示し、注としては立てなかった。デリダによる出典の頁などの指示には数カ所誤りが認められたため訂正したが、いちいち断らなかった。

一、原著では『人間知識起源論』への指示は Galilée 版によっているが、この版は現在では絶版となっていることもあり、本訳書では、partie（篇）、section（部）、chapitre（章）、パラグラフの順に 一—二—三—4 のように掲げて指示することにする。なお、邦訳（『人間認識起源論』古茂田宏訳、岩波文庫、一九九四年、全二巻）では同じ区分を順に「部」、「章」、「節」と訳しているので注意されたい。『感覚論』についても、邦訳（コンディヤク『感覺論』加藤周一、三宅徳嘉訳、創元社、一九四八年、全二巻）を参照する場合を考え、partie（部）、chapitre（章）、パラグラフの順に 一—二—3 などと指示した。

一、訳注は章ごとに番号を付し巻末に一括して掲げた。なお、訳注中の引用文では、〔　〕は引用者による中略・補足を表し、／は原文での改行を示している。

一、原著で引用された箇所に邦訳がある場合は、適宜訳書の該当頁などを指示した。ただし、訳語や文体の違いなどの理由で、多くの場合部分的ないし全体的に訳し直した。

たわいなさの考古学　コンディヤックを読む

ヴォルテールは結局のところただ文人である。［……］十八世紀の真のフランス人形而上学《メタフィジ》者《シャン》はコンディヤック師である。

コンディヤックの最も目立った特質は明瞭さと厳密さ、相当な分析力、さらには繊細さと機知である。こうした貴重な特質に多大な欠点がいっしょになっている。現実感覚がコンディヤックには欠けている。彼は人間そのものも世の人たちも、生命も社会も知りはしない。常識が彼を引きとどめることはない。彼の精神は鋭敏だが偏狭である。単純さへの極端な愛にとらわれて、彼は、すべてをただ一つの原理に帰着させようというたわいのない利点のためにすべてを捧げている。観察精神を有せず、事実をありのままに詳しく記述することよりも、言葉や符号を組み合わせることに心地よさを感じるのである。ここから、あの文体——乾いて簡潔で、良質ではあるが偉大なところは少しもない、私たちのあいだで徐々に哲学の真の文体として認められてきた文体——が生まれるのだ。

ヴィクトール・クザン『一般哲学史』(1)

形而上学《メタフィジーク》は精彩を失ってしまっていた。十七世紀のフランスの最後の大形而上学者、マールブランシュとアルノーが没したその年に、エルヴェシウスとコンディヤックが生まれた。〔……〕十七世紀の神学と形而上学に否定的な反駁を加えるほかに、積極的な反形而上学の体系が必要とされた。当時の生活実践を体系にまとめ、これを理論的に基礎づけた本が必要とされた。ロックの著書『人間知性論』がちょうどいいところにやってきた。〔……〕ロックははからずもスピノザの弟子なのではなかろうか。「世俗的」な歴史は答えるだろう。唯物論はイギリスの実の息子である、と。〔……〕ロックの直接の弟子で、フランスにおける注釈者であるコンディヤックは、ロックの感覚論をただちに十七世紀の形而上学に対する攻撃に用いた。フランス人がこの形而上学を、想像と神学的偏見のたんなる作りごととして、正当にも捨て去ってしまっていることを彼は示したのである。〔……〕コンディヤックは、フランス諸学派のうちただ折衷哲学によってのみ取って代わられた。

カール・マルクス『フランス唯物論史補説[2]』

1　二次的な第一のもの――メタフィジーク(1)

この書*は名を持たない学問（science）の扉を開くべきものだった。

＊『たわいなさの考古学』ははじめ、『人間知識起源論』(2)新版（シャルル・ポルセ編、ガリレ社刊、一九七三年）への序論として刊行された。

このことはいわゆるメタフィジーク（*la métaphysique*）を批判することによってのみ可能だった。この書はそれを行っている。それはきまって一つの新しいメタフィジークを創り出すことに行き着く。この書も例外ではない。このことは二つのメタフィジークのあいだで厳密で徹底した区別を行うことを意味している。確かめてみよう。

「二種類のメタフィジークを区別しなければならない」。コンディヤックは、本質と原因のメタフィジークの代わりに、現象と関係（「連関（liaison）」）の一つのメタフィジークを打ち立てることをすみやかに提案する。隠されたもののメタフィジークの代わりに、開かれたものの一つのメタフィジーク――ものごとそれ自体の現象学、限界にかかわる批判的学問、と言うこともできよう――を打ち立てようとするのである。「一方はあらゆる神秘を見透かそうと望む。存在するものの本性と本質、最も深く隠されている原因、こういうものがこのメタフィジークの野心をかきたて、こういうものをそれは見つけ出そうとする。他方はより慎ましく、その探究を人間精神の脆弱さに合わせようとする。（……）それはものごとをあるがままの姿で見ようとしかしないのだ。」（『人間知識起源論』序文）したがって、このような新しい学問――それは諸観念に名を与えようと作られたのだが――は、自分の名を見つけるのにいささか苦労することだろう。

どんな分野にも限定されることのない一つの一般的な学問に対して、どんな個別の名を与えることができようか。この学問が行う普遍的な分析は、知のあらゆる領域で私たちを最も単純で最も基本的な諸観念へと導き、また、これら諸観念の連関・組み合わせ・錯綜・置換・反復の法則を、さらにはそれら諸観念の生成（génération）の法則――原理の難問――をも明らかにする。この一般的な理論は本当に一つのメタフィジークとなるのだろうか。

古名（Paléonymie）――『人間知識起源論』の冒頭で、コンディヤックは、「二種類のメタフィジークを区別する」という条件で（メタフィジークという）古名を保存することをごく穏やかに心に決めているようだ。この場合、二つのメタフィジークの対立[3]は、隠された本質と提示された現象との対立に類似して（analogue）いる。提示された現象に戻って、私たちは生成を再現し（reproduire）、起源を「描き直し（retracer）」（『起源論』の二つのキーワードのうちの一つ）、起源へと遡り、起源を反復し（répéter）、分析する。したがって、次のように考えられるかもしれない。「よい」メタフィジーク、起源と真の始まりの学問（これは『計算の言語』[4]を予告している。「私は始まりから始める」……「だから私はこれまでついぞ始められることのなかったところから始めるのだ。」）はまた第一哲学として現れねばならない、と。

全然そんなことはない。始まりについての学問すなわち単純なもの、組み合わせ、そして生成についてのメタフィジーク、つまり新しい哲学は、決定的に二次的であろう。それが条件なのである。

『起源論』よりずっと後に、メタフィジークという語の使用について、かつてなく慎重になり気にするようになったコンディヤックは、とくに *philosophia protè*（第一哲学）の弊害を避けようとした。彼のメタフィジークは第一哲学とはならないだろう。また、神学ともならないだろう。デカルトが成功しなかったことをしなければならない。つまり、アリストテレスの伝統とたもとを分かたなければならない。

おそらくあなたは、私がメタフィジークの歴史を編むのを忘れたといって驚くのではなかろうか。だが、私には、この語で何が意味されているのか分からない。アリストテレスは、一つの学問を作り上げようと考えて、あらゆる抽象的一般的な諸観念を集めようとした。存在、実体、原理、原因、関係、その他類似の観念である。彼はこうしたすべての観念を、彼が第一の知恵、第一哲学、神学などと呼ぶ予備的論考で考察した。アリストテレスより後に、テオフラストスか誰か他のペリパトス学派[5]の人が、この抽象的観念の集積にメタフィジークという名を与えることになった。こうしてメタフィジークが生まれた。この学問では、個別的には何も観察しないうちから一般的にすべてを論じようと、つまり、何も学ばないうちからすべてを語ろうとする。空虚な学問であり、何ものにも基づかず、何ものにも向かわない。私たちは個別の諸観念から一般概念（notion générale）へと上昇するのだから、一般概念は、さまざまな学問のうちの最初のものの対象とはなりえないのだ。

（『パルマの王子の教育のための教程　近代史』[6]第二〇部第一二章）*

* Condillac, *Cours d'études pour l'instruction du Prince de Parme, Histoire moderne, Oeuvres philosophiques*, éd. G. Le Roy, P.U.F., 1948, t.II, p. 229.『起源論』以外、出典の指示にはこの〔ルロワ編〕コンディヤック『哲学著作集』版を用いることとする。

したがって、新しいメタフィジークは二次的となろうが、それはただ真の生成へと、つまり原理の実際の産出へと戻りながらである。このメタフィジークはたぶん経験論に似ていることだろう。だが、アリストテレスの第一哲学の中でコンディヤックによって告発されたものは、また、自己を知らない経験論、派生した一般性を前提のように見なし、産出されたものを〔根源的な〕胚のように見なす経験論でもあった。つまり、自己をあるがままに定立できない二次的哲学、無責任な経験論でもあった。キアスム[7]の結果のように、二次的哲学として前進することで、新しいメタフィジークは、現実のさまざまな単独性から出発して生成の諸原理を、一般的なものの最初の産出を系統立てて復元することだろう。それがメタフィジークと呼ばれるのはただ類比（*analogie*）によってだけだろう（類比[8]——つまり新しいメタフィジークの根本的なオペレーター——は、アリストテレス的伝統における類比とだけ類似していることになり、私たちはここに終わりのない問題を胚胎させている）。それは適切には分析、分析的方法と呼ばれることになろう。知識の真の生成を描き直すことで、諸原理に遡ることで、分析ということの事実上初めての実践は、ついには最初の第一哲学を溶解させ、破壊し、分解させることができよう。つまり、ついには名を継承しながら最初の第一哲学にとって代わるか、あるいはむしろ最初の第一哲学を「補う（suppléer）[9]」ことになるのである（補う、は『起源論』の二番目のキーワードである）。

> 真の知識へと上昇するためには対象を分析することが必要だから、私たちの諸観念を整理すること――諸観念を異なったクラスに分類したり、それぞれの観念に名を与えて認知できるようにしたりして――が是非とも必要である。ここに、一般性の程度を異にする諸概念にかかわる技法がある。分析がうまくなされたならば、それは私たちを発見から発見へと導いていく。というのも、分析は、どのように私たちが成功したかを示すことで、どのようにすれば私たちがさらに成功できるかを教えてくれるからである。分析の特質は、最も単純で最もすばやい方法で私たちを導くことにある。こうした分析は他の学問から切り離された学問なのではない。それはすべての学問に属し、すべての学問の真の方法であり、精髄である。私はこうした分析をメタフィジークと呼ぶことにしよう。あなたがそれをアリストテレスの第一の学問と混同しないならば。（同所 t.II, p. 229）

メタフィジークのこの区分（*division*）をすぐにたどる必要があろう。この区分は『起源論』の第一頁から試みられているものの、『起源論』の空間と作業を絶えず紛糾させている。

実際、一方で、「悪しき」メタフィジークは言語（langue）の悪しき使用――これは言語活動

(langage) についての悪しき哲学によって二重化されている——の内に存している。したがって、このメタフィジークを矯正できるのは、ただ記号と言葉 (mot) の別の理論を練り上げることによって、別の言語活動を実践することによってのみである。これが『起源論』の変わらぬ、そして最も明白なねらいである。たとえば、次のように語られる。

……〔魂の働きの進展を跡づけるという〕メタフィジークのこの分野全体はこれまであまりにひどい混乱状態にあるので、自分でいわば新しい言葉づかい (langage) をするよう強いられたほどだった。日常的な使用においてのように不適切に定義された記号を使って正確さを求めることは私にはできなかった。(『起源論』一—二導入部)

この試みは『計算の言語』にいたるまで発展してゆくことだろう。つまり、厳密に恣意的で、形式的で、取り決めによる (conventionnelle) 言語の創設である。だが、この言語の文法を確立する務めはなお本来のメタフィジークに帰着することだろう。メタフィジークにであって、代数学者の計算技術にではない。言語の運用と、言ってみれば言説の規則とが問われる時、哲学的なねらいがいつも再確認される。

……私が長いあいだとどまっているいろいろな問題について、算術家たちはこれまで取り上げようとは思いつかなかった。というのも、これらの問題はメタフィジークに属するからであり、算術家たちはメタフィジシャンではないからである。代数が一つの言語にすぎないこと、この言語がいまだ文法を持たないこと、メタフィジークだけがそれを与えうることを彼らは知らないのである。*（『計算の言語』t.II, p. 429）

* 二つの起源、二つのメタフィジーク、等々があるのと同じように、二つの語法の誤りがある。「二種類の語法の誤りがあり、一方は啓蒙された諸世紀の後に続き、他方はこれらの諸世紀に先立つ。これらの語法の誤りは互いに似ていない。どちらも全般的な無知を前提としているが、ずっと語法を誤り続けてきた国民は、贅沢品を作り始めた後に語法を誤るようになった国民ほど悪いわけではない。」（『歴史研究序説 *Introduction à l'étude de l'histoire*』t.II, p. 9）

だが他方、よいメタフィジークが絶対的に人為的な文法――よいメタフィジークが制定するであろう文法それ自体――として表現されるはずであるとしても、それは「別の」よいメタフィジーク――今度は最も自然なメタフィジーク、一般にどんな言語にも先立っているであろうメタフィジーク――に従うためではないのか。言語によって言語がもたらす害を繕うこと、人為を限界にまで押し進めて、自然へと立ち戻らせること、「これが代数が持つであろう利点である。代数は私をしてまるで自然が語るように語らせるだろう。そして、私たちは偉大な発見をしたと感じるだろう」（『計算の言語』t.II, p. 435）。計算の言語は、その極端な形式化を単純なものの必然性に従わせることで、メタフィジークの前言語的で自然な土台を再構成するはずである。よいメタフィジークは自然で無口であったであろう。つまりフィジーク〔自然学〕であったであろう。(10)

よいメタフィジークは諸言語より前に始まった。このメタフィジークに諸言語はその最もよいところすべてを負っているのである。だが、その時このメタフィジークは学問であるというより本能であった。それは、人間たちを知らないうちに導いていた自然であった。そして、メタフィジークが学問となったのは、ただそれがよいものであることをやめた時なのである。（『論理学、または思考する技術の初歩』[11] t.II, p. 400）

学問は回復させ／回復する（guérir）はずである。この語の他動詞的および自動詞的意味において。学問は学問を（から）回復させ／回復するはずである。こうして、二項対立的なもの（dualité）のさらなる移行（déplacement）と再登録とが生じる。なおも二つのメタフィジークが新しい学問の内部にも残ることだろう。コンディヤックが練り上げようとするメタフィジークの内部でも、もう一度二つのメタフィジークを見分けなければならないだろう。本質と原因を知ることをあきらめ、いろいろな観念――つまり結果――の経験を省みて、新しい「メタフィジーク」――「人間精神だけを対象とする」メタフィジーク――はその内部で二つのメタフィジークを連接させる（articuler）。このたびは、よいメタフィジークと悪いメタフィジークではない。そうではなくて、前言語的な起源、「本能」、「内的感覚（sentiment）」といった形の下でのよいメタフィジークと、極限的な言語的な練成、新しい言語、「反省」といった形の下でのよいメタフィジークである。『推論する技術』[12]はこの二重の体系を秩序立て、自然的本能のメタフィジークと、回復させ／回復する二次的学問であるメタフィジークとを互いに関係づけるはずの規則を与えている。

後者の〔学問としての〕メタフィジークは前者の〔本能としての〕メタフィジークを解明する（développer）はずだが、その地位を奪いはしないだろう。学問としてのメタフィジークは、あらゆる言語活動に先行するもの〔本能としてのメタフィジーク〕に対して自らが言語として持つ関係を、言語の内に再現するはずなのである。内的感覚と反省という価値（valeur）が、この関係がもつ法則を、人間精神の秩序において明らかにしている。ここで問題となる言表（énoncé）において、第一のものは二次的なものとしてやってくる。

メタフィジークは、それが人間精神だけを対象とする時、二つの種類に区別できる。一方は反省のそれであり、他方は内的感覚のそれである。第一のものは私たちのあらゆる能力（faculté）を見分ける。それらの能力の原理と生成とを見てとり、その結果、それらを導くための規則を教える。それは学習の力によってのみ手に入れることができる。第二のものは私たちの諸能力を感じる。そうした能力の活動に従う。自らが知らない諸原理に従う。それ〔内的感覚のメタフィジーク〕は手に入れたとは思われないが、保持されている。というのも、幸運な状況のおかげでそれは自然なものとなっているからである。それは正しい精神の持前である。正しい精神のいわば本能である。よって、反省のメタフィジークは理論なのであり、内的感覚のメタフィジークが行うすべてのことを、原理と諸結果において解明するのである。後者のメタフィジークはたとえば諸言語を生み出す。前者のメタフィジークはそうした言語の体系を説明するのである。一方は雄弁家と詩人を生む。他方は雄弁と詩の理論を作り出すのである。（『推論する技術』〔序文〕t.I, pp. 619-20）

気づいてもらえただろう。これら二つのメタフィジークは対立し合っている。しかしまた、実践的なものと理論的なものとして続いて起こり、展開される。実践の審級（instance）[13]の優位、これがこの批判的な新しいメタフィジークの最も決定的で最も変わらぬ特徴である。とはいうものの、このメタフィジークは実践（プラクシス）の哲学というよりは、事実のメタフィジークに似ていることだろう[14]。

『起源論』についての最初の結論。もはや第一の学問でも、前提となる方法でもないので、この一般理論は、知識の発達ないし獲得の後からやってきて、それを考慮に入れ、結論を引き出そうとする（「どのように私たちが成功したかを示すことで、分析はどのようにすれば私たちがさらに成功できるかを教えてくれる」[15]）。この一般理論は、学問のある一つの歴史の後に来る。事実においても権利においても、それは学問の上での事実を前提とする（次に見ることにしよう）。一般観念が、個別の諸観念から出発して作られるのと同様である。理論的なものや一般的なものはつねに生み出されるのである。この二者を分析の手にゆだねること、それは〔それらの〕発現の実践的諸条件へ、またそれらの成り立ちの生成論的な過程（processus génétiques）へと戻ることである。ある結合を単純な諸要素に分解したり、ある計算の要素を分離したりするだけでなく、同じ運動によって（同じだろうか？）生成過程（genèse）を描き直し、心的な働き（opérations psychiques）の連鎖を再活性化するのである。すると『起源論』は実践的な心理学の論考なのだろうか。

だが、メタフィジークという語と同じように、この〔心理学という〕語はいまだ適切には使われていない。

このメタフィジーク(16)でさえ最初の学問ではない。なぜなら、私たちのあらゆる観念をきちんと分析することは、それらの観念がどのようであるか、それらがどのように形成されるかを知らないで可能だろうか。だから、何よりも観念の起源と生成を知らなければならないのだ。だが、こうした目的に取り組む学問はいまだ名を持たない。それほど新しいのだ。私はこの学問を心理学と名づけたいところだ。この表題で何かよい著作を知っていたらそうするのだが。(『教程　近代史』t.II, p. 229)

変遷(devenir)、より正確に言えば「進歩」に注意を向けて、コンディヤックはいつも自分の〔一般理論の〕企てが歴史的に可能となる諸条件に関心を持っている。実は、この歴史への反省は企てそれ自体から決して分けられるものではない。この歴史への反省は個別的な諸条件、諸状況を分析することになるが、それはその反省がまず歴史性という一般法則を打ち立てたからこそなのである。哲学、理論的メタフィジーク、一般的方法といったものは本質的に歴史的だが、それは、そうしたものがいつも、ある認識の実践の、ある学問の成功ないし発見の後から、やってくるからである。いつも認識の働きやその結果に遅れているからである。

こうして、コンディヤックによって提起された一般的方法――とりもなおさず彼の方法概念、つまり法則(règle)が事後に(après coup)一般化されること――が確立されうるのは、ただ、ある発見――天才のひらめき(coup de génie)、この価値は先で明確にする――がなされた後である。そして、この発見はすでに、哲学的秩序の内で、〔別の〕一つの発見、あるいは天才の学問的ひらめきを移しかえているのである。

『起源論』はこうして、ロックやニュートンによって切り開かれた道（voie frayée）に踏み入っていく。『起源論』はこのことから、方法概念を一般化しつつ教訓を引き出している。

> 思うに、ある方法が一つの真理へと導いたのだから、その方法は次の真理へも導くことができる。また、最もよい方法はあらゆる学問について同じものであるはずだ。したがって、すでになされた発見について反省するだけで、新しい発見をする仕方を学ぶには十分であろう。（『起源論』二―二―三―27）

コンディヤックはたぶんダランベールの次の言葉に同意したことだろう。つまり、生得観念を批判したり、観念の生成や結合を叙述したりすることで、ロックは「ニュートンが物理学《フィジーク》を創造した[17]のとほぼ同じように、メタフィジークを創造した」のである（『百科全書序文』*Discours préliminaires*, éd. Picavet, p. 103-104）。よって、一つの方法の内容や、方法という概念は切り開かれた道を前提としている。自然の観察の原理から出発して、「真理への道がついに開かれた。この道は、人々が前進するにつれて切り開かれてきたのだ。（……）ニュートンはたしかに、あらゆる哲学者の中で最もよくこのルート――互いに結ばれた一連の真理が描きだすルート――を知っていた」（『教程　近代史』t.II, p. 221）。類比の大きな原理に従うなら、精神にかかわる学問のレベルにおいても同じことが言える。

よい文法やよい詩法が作られたのは、散文や詩において優れた作家が現れた後でしかなかったから、推論する技術が知られたのも、いろいろな分野で巧みに推論した優れた知性が現れるのにつれてであった。ここから分かろうが、この技術は十七世紀と十八世紀に最も大きな発達を遂げたのである。実際、真の方法はこの二つの世紀に依存している。真の方法はまずいろいろな学問において知られた。そこでは、諸観念が自然に形成され、ほとんど困難なく定義されるからである。数学がその証明である。（……）タタール人が詩法を作ろうとしたなら、あなたはそれは悪いものだろうと考える。なぜなら彼らはよい詩人を有していないからである。十七世紀以前に作られた論理学についても同じである。よって、推論することを学ぶにはただ一つの方法しかなかったのだ。それはいろいろな学問をその起源、その進歩において考察することであった。すでになされた発見にならって、新しい発見をする方法を見つけ出さねばならなかった。また、人間精神の混迷を観察して、誤謬へと導くルートに入り込まないことを学ばねばならなかった。（同書 t.II, p. 229-30）

方法は「まずいろいろな学問において知られ」るから、道を切り開く哲学者とは、過去の〔学問上の〕断絶〔的変化〕の事実を一般化させ、反復する人、この事実を移し替え、拡張する人である。こうしてロックは開始する。だが、ベイコンとニュートンの後からである。

コンディヤックもロックの後から開始するのである。

ロック以前には、哲学者たち、学者たちはベイコンを認めなかった。天分が欠けていたために、つまりまた、後で見るように、歴史的状況のせいで。

〔デカルトやデカルト派は〕ベイコンを学ぶべきだったろう。この哲学者が残念に思っていたのは、いまだ誰も私たちのあらゆる観念を消去して、人間の知性に正確な諸観念を刻みつけようと試みなかったことだった。ロックはもうこのような残念な気持ちを抱いたままではいなかった。観察によってしか精神を知ることはできないと確信して、彼はそれまで人が踏み込まなかったルートを切り開いたのである。彼がこの計画を立てたり、それを実行しようとしたりできたのは、彼の時代にいろいろな学問が実験や観察から引き出した進歩を検討したからであった。とはいえ、彼の栄誉は、彼以前に人間知性について書いた誰によっても彼の発見が予告されていなかった点にある。（同書 t.II, p. 233）

コンディヤックはロックを批判することにもなるが、こうした批判はさしあたりわきにのけておこう。ロックをモデルとして検討しよう。コンディヤックは頻繁に私たちにそうすることを求めるのだから。ロックは、過去の断絶を解明するだけで、さらには反復するだけで満足していながら、どのようにして道を切り開くことができたのか。この問いは、はるかに一般的な問題性を帯びたパラダイムを形作っている。『起源論』の各頁で、私たちはこの問いをほとんど移し替えることなく、発し直すことができる。この問いに答えようとすることは、全体的な解釈に取りかかることである。

ロックがある働きをやり直すことで道を切り開いたのだとしても、それはおそらく、ある一般的な法則を個別の分野に適用したからである。そのうえ、彼は初めてこの個別の領域——人間知性という領域——を発見し、提示し、承認したのである。ロックが取り組んだ移し替えと適用の働きは、とりもなおさず、生み出したり構成したりするものだった。類比を用いてロックは未知のものを発見したのだ。類比による発明（invention）——これがこの論理のもっとも一般的な定式であろう。類比（一般的な類比、あるいは比例の数学的類比）によって真であるものは、また分析によって真である。ある与件を移し替えたり、釣り合わせたり、あるいは分析したりして、新しい「対象」が構成される。したがって、学問の進歩、知の豊富化は、コンディヤックが倦むことなく主張するところでは、つねに「自同的命題（propositions identiques）」、分析判断によって行われるのである。[18]

こうした条件では、コンディヤックのロックに対する関係は、ロックが先行者たちに対した関係に類似していよう。人間知性の学問——まさにロックが開始したような——を、コンディヤックは特に言語活動という決定的な問いについて反復し、修正し、補足する（compléter）のだが、それはこの〔人間知性の〕学問を——ついに、そして初めて——確立することにほかならないだろう。初めてと言ったのは、忘れてはならないが、『人間知識起源論』はきわめて厳密に限定された主題を持っているからである。それは人間精神でもなく、魂の働きでもない。魂の働きは意志にも知性にも関係づけることができるのだから。

本書の主題が示しているように、私はそれら〔魂の働き〕を知性との関係に限って考察するつもりである。（『起源論』一—二導入部）

『論理学』において、この〔人間知性という〕主題について最も明示的なテクストが、何よりも類比、自同的命題、そして学問の〔進歩の〕歴史に関連していることは少しも偶然ではない。このテクストは、類比の産出的（productif）機能を説明するのに、程度の差の原理（「類比においてはさまざまな程度を区別しなければならない」[19]）を用いている。この原理は、絶えず、連関の力（force）・強さ・量といった経済的な原理と結びつけられるべきだろう（「組み合わせが異なるのに応じて、観念相互の連関は大きかったり小さかったりする。したがって、連関が可能な限り大きいような組み合わせを想定することができる。〔……〕ところで、探している観念と最も大きな連関を持っている側から、ある対象を考察するならば、私はすべてを発見することだろう……」（『起源論』二―二―三―39））。このように〔類比の程度の差の原理と連関の経済的原理との〕二つの原理を結びつけることによって理解すべきことは、コンディヤックの体系において、組み合わせ理論はエネルギー理論であり、分類上の要素は産出能力（puissance germinale）であるということである。

この類比「地球の二重の回転運動が語られている」[20]は、同じ結果は同じ原因を持つということを前提としている。この前提は、新たな類比や新たな観察によって確証されているので、もはや疑うことはできないだろう。

よい哲学者たちはこのような態度をとった。彼らのように推論することを学びたいなら、最良の方法は、ガリレイからニュートンまでになされた発見を学習することだ。また、私は本書でそのように推論しようと試みた。私は自然を観察した。そして、自然から分析を学んだ。この方法によって、私は私自身を学習したのである。そして、自同的命題の連なり(21)によって、私たちの諸観念と私たちの諸能力は、感覚（sensation）がいろいろな形をとったものでしかないということを発見して、私は、観念や能力の起源や生成を確かめたのである。私たちの観念や能力の発展はただ記号を介してのみ起こり、記号がなければ起こらないだろうことに私は着目した（remarquer）(22)。このことから、私たちの推論の仕方が改善されるのは、言語活動を改善することによってだけであることや、あるいは、あらゆる技術はおのおのの学問の言語をうまく作ることに帰着することにも着目した。最後に、私は、初めの諸言語はその起源においてうまく作られていたことを証明した。なぜなら、それらの言語の形成をつかさどったメタフィジークは、今日のような学問ではなく、自然から与えられた本能だったからである。（『論理学』t.II, p. 413）

三十年を隔てて、『論理学』は『起源論』の一般的規則を提示していることになる。事後的にではあるが、この一般性に対応しており、わずかの変更も加えてはいない。「自同的命題」の規則、分析の規則(23)は、単純なものへの系統的回帰を含意している。また、段階的発展が起こるのは、それ自体は変更不可能な素材の組み合わせないし変様によってだけであることをも含意している。ここに感覚がある。それは最初の素材である。形を与えられ（informé）、変形され、組み合わされ、連合させられて、それはあらゆる知識を生み出す。そして、『起源論』全体は、素材と活用との例の対立に応じて編成されている（「したがって、感覚と魂のいろいろな働きとは私たちのあらゆる知識の素材である。反省は、さまざまに組み合わせてみることで、こうした素材が有する諸関係を探り、こうした素材を活用するのである」[24]（『起源論』一―一―一―5）。知性の理論は、感覚の理論、活用の理論であり、あの最初の素材を変化させる形式付与（information）の理論である（「知性のいろいろな働きは感覚それ自体にほかならず、この感覚が変化して注意、比較、判断、反省となるのだと結論できよう」（『教程予備講義の概要』[25] t.1, p. 414)）。

したがって、物言わぬ最初の素材、直接的に現前する還元しえない核があることになろう。そこに二次的な変様が生じるであろうし、またこの素材ないし核は、組み合わせ、関係、結びつきといったものの内に組み込まれよう[26]。だが、あのメタフィジーク（いかなる意味でそれがまた一つのメタフィジークであるかはすでに見た）、あの感覚論的メタフィジーク（この〔感覚論的という〕性格を拒むことはできない）はまた、一貫して、一つの記号のメタフィジークであり、言語活動の哲学であることだろう。コンディヤックを読もうと思い、彼のテクストに対して自分を閉ざすまいと思うならば、また、構成され生じてくる一連の対立の前で立ち尽くしてしまいたくなければ、感覚論を記号論（sémiotisme）へと発展させる論理学、あるいはむしろ類比学（*analogique*）にたどり着かねばならない。実際、発展であって、包含の自同性ではない。そうではなくて、「自同的命題」をとおした発展なのだ。感覚は単に単純な要素なのではなく、〔生成の〕胚でもあるから、発展なのである。

この〔胚という〕生物学的、生気論的、あるいは生体論的な[27]「隠喩」はコンディヤックにおいてつねに現れる。『思考する技術』[28]の序文を参照していただきたいが、この序文全体が、この書の胚でもある次のような文――「思考する技術の胚は私たちの感覚の内にある」という文――それ自体を発展させている。そして、この文の発展（développement）は、類比にもとづいて思考（pensée）の発展――それは動物の発育（développement）に似ている――を記述しているのである。

また、『起源論』の区分を説明しようと、コンディヤックは自らの記号と言語活動の理論を、感覚的であり要素的・物質的である胚――第一篇の主題となる胚――を発展させるもの、あるいは「活用する」ものの体系として意味づけている。

にもかかわらず、それ［言語の理論[29]］は私の著作の重要な部分となるべきだと私は考えた。なぜなら、それはなお新しい仕方、より広範な仕方で検討される余地があるし、また、記号の使用は私たちの持つあらゆる観念の胚を発芽させる（développer）原理であると思われるからである。（『起源論』序文）

胚と発展の対立は、内容（素材）と形式（活用）の対立を包含している。類比の原理、つまり類比的分析法（analytique analogique）が、この対立の二つの項のあいだの、移行、結合、そして総合する力を保証している。したがって、この類比の原理について問いが発せられるべきである。また、隠喩の概念（concept）が類比の概念によって支えられているとすれば、たとえば胚を「隠喩」であると形容したとしても、それだけでは胚についていまだ何も言ったことにはならないだろう。こうした見方を主張するためには、あらかじめコンディヤックの修辞法と修辞の哲学を復元しておく必要があろう。私は他でこのことを試みている（『言語の計算』（近刊）参照[30]）。

〔観念について〕生成〔を把握すること〕の要請と組み合わせ〔を把握すること〕の要請とを、終始、一緒に維持させているものは、コンディヤックにおいては、一つの矛盾であると、さらには〔フーコーが語るように〕、一つの「欠落（carence）」であると、あるいは「認識論的神話」に陥ってしまう可能性であるとみえるかもしれない[31]。だが、こうした見かけが作られるのは、古い哲学的対立の見地からだけである。この古い見地は、これら二つの要請を、排中律[32]の範疇あるいは弁証法的（思弁的）総合の範疇によらずに考えることを許さないからである。また、「認識論的神話」という概念（notion）は、おそらく欠落というまったく否定的で非生産的な概念に還元されるままにはなりはしないだろう。学問の歴史においてあらゆる「認識論的神話」の位置とはどのようなものであろうか。二つの要請を維持することはたぶん、弁証法的ではない仕方で、計算と生成との形而上学《メタフィジーク》的な対立[33]に抵抗しているのである。そして、次のように問う必要があろう。一つのテクストは、右のような観点から見て、学問的現代性（たとえば生物学、遺伝学、言語学あるいは精神分析）の出現――「著者」も、「作品」もこうした現代性に対しては「同時代のもの」でないことになるが――と、どのような条件で適合しうるのか――ある程度まで、そして確定できる座標軸において適合しうるのか――と。こう問うことは、こうした一つのテクストを――テクスト相互の区別を認めるのであれば、あらゆる他のテクストをも――その著者から引き離し（これがこの接収の第一条件であるが）、また、神話のようなエピステーメーの全能の制約からも引き離すことになる[34]。

神話のようなエピステーメーが含む有限のコードは、私たちが特定のエピステーメーについて持ちうる表象になおももっぱら属している。エピステーメーについての一般理論は、それが出現する場所およぴ条件として、ある一つのエピステーメーの想像世界を必要としている。ここで問題になるエピステーメーとは、表《タブロー》や有限のコードや分類法《タクシノミー》といったものを、自らの規範——決定力を持った規範——とするであろうエピステーメーにほかならない。*

* フーコー氏を参照のこと。(35)

それ〔見えるもの (visible) が記述できるもの (énonçable) に還元されるという考えが臨床医学者の思考上の遠い夢にすぎなかったこと〕には端的な歴史的な理由がある。というのも、臨床医学に対して認識論的な模範の役を務めていたコンディヤックの論理学は、見えるものと陳述できるもの (dicible) とが完全に一致すると考えられるような学問を認容できなかったのである。

そして、この先では、こうした不一致が一つの認識論上の障害であること——実際には、これは自明なことではないが——を説明するために論じられている。

コンディヤックは要素というものについて決して普遍的論理を引き出すことはなかった——その要素が知覚上のものであろうと、言語上のものであろうと、計算できるものであろうとも。彼は絶えず、〔見えるものを記述する際の〕二つの作業論理の間で——生成の論理と計算の論理との間で——躊躇していた。(……) だが、〔見ること、語ること、さらには学ぶことのあいだの〕透明性のこの一般化された形式は、言語活動——あるいは少なくとも、諸要素からなるシステム——の地位を不透明なままにしてしまう。ところがこれらは、この透明性の形式の基礎であり、正当化であり、精緻な道具であるはずなのである。このような欠落は——それは同時にコンディヤックの論理学の欠落でもあるのだが——、いくつかの認識論的神話に場所を与えてしまい、そうした神話が欠落を覆い隠すことになる (『臨床医学の誕生』 Michel Foucault, *Naissance de la clinique*, P.U.F., 1963, p. 117-19 〔みすず書房、一九六九年、一六四—六頁〕)。

よって、コンディヤックの「躊躇」、揺れは「古典主義時代のエピステーメー」の本質的で代表的な特徴ということになろう。

こうして、古典主義時代のエピステーメーの両端に、計算可能な秩序の学問としてのマテシス（*mathésis*）と、経験的なもののつながりから発して秩序の成立を分析する生成論（*genèse*）とが位置することになる。（……）マテシスと生成論との間には、記号——経験的表象の全領域を貫通するが、決してそこからあふれ出ることのない記号——の領域が広がっている。計算と生成論とによって縁取られたそれは表〔タブロー〕の空間なのである。（『言葉と物』 *Les mots et les choses*, N.R.F., p. 87〔新潮社、一九七四年、九八頁〕）[36]

注目すべき研究『知性の生成理論について』で、ジャン・モスコーニもコンディヤックの「定式化」における「生命的」モデルと「分析的」モデルの競合的対立を分析している（Jean Mosconi, *Sur la théorie du devenir de l'entendement, Cahiers pour l'Analyse, Lévi-Strauss dans le XVIIIe siècle.* n. 4, p. 59, sq）。また、次も参照のこと。ロジェ・ルフェーヴル『コンディヤックあるいは生きる喜び』（Roger Lefèvre, *Condillac ou la joie de vivre*, Philosophes de tous les temps, Seghers）。

現実を探索する具体的な経験論と概念を操作する抽象的な論理主義との間で、それ〔コンディヤックの著作〕は揺れ動き、一致を探し求める。だが、体験されたものと思考されたもの、感じられるものと知的なもの、実在と体系、これらは同等に扱うことができるだろうか。（p. 83）

また、ジョルジュ・ルロワによる『コンディヤック哲学著作集への序論』全体も参照のこと（Georges Le Roy, *Introduction à l'oeuvre philosophique de Condillac op. cit.*, t.I, p. vi-xxxv）。

古典的な形而上学の枠組み——おそらくコンディヤックも考慮し、それと苦闘した——から出発して、絶対的な展望地点を確保できないほど、内的な対立として、矛盾または欠落として、あるいは二つのモデル――たとえば代数的なものと生命的なもの――のあいだでの無力な躊躇として感じられるであろうもの、そうしたもの自体が今日ではこうしたテクストの力と興味を形作っているように私には思われる。

　コンディヤックが「自身」でこの議論の規則を定めなかったことは、おそらく無視してよいことではなく、考慮していかねばならない。

　少なくとも、このことが彼のテクスト、彼の記述の内にもたらすかもしれない結果を考慮していかなければならない。

　だが、とはいっても、自らの「固有の」コーパスに対する「著者」の権威を一貫して限定するすべを知っていれば、こうしたテクストに作用するものを見誤るはずはなかろう。それはたしかに伝統的な対立であり、ある古典主義的と呼ばれる「エピステーメー」よりはるかに古い対立である。だが、それはまた解体（désorganisation）のためのスイッチでもあるのだ。

　この解体のためのスイッチは、生成と計算とのあいだのあの二者択一や、それと連動しているシステム全体を崩壊させようと働く。でたらめに働くというわけではない。そうではなくて、当惑させるような規則性に従ってのことである。この規則性はたぶん事後的に、そしてある特定の状況においてのみ読みとることができるのである。

2　天才の事後修正[1]

〔生成論と計算との〕二者択一の対立を取り去ること。この動機は、〔コンディヤックの〕システムの働きを定義しようとしながらも――システムが動機に作用するのと同様にこの動機はシステムに作用してもいる――、この対立を明示する正確な規則を見つけることはできなかったようだ。このことが、歴史の打撃――読み違えと無邪気にも呼ばれている暴力的で利己的な働き――にさらされるコーパスの自由度、さらには傷つきやすさ、無防備さを少なくとも部分的に説明している。

この〔歴史の打撃の〕最も注目すべき例は明らかにメーヌ・ドゥ・ビラン[2]による解釈である。

この解釈は一種のプログラムを形作っている。

ひとたび借りを認め、その借りが膨大だったので、ビランは唯物論的・決定論的感覚論〔単なる受動性と、経験という唯一原理との主張〕と抽象的代数主義でもある観念論とを同時に退ける。

この〔ビランによるコンディヤックの〕読みにおける枠組みは大いに役立とう。

コンディヤックの「矛盾」や「躊躇」を、彼の思考のいわゆる発展の状態とか段階とかに適合させることができれば、この枠組みの取り扱いはいっそうたやすくなる。メーヌ・ドゥ・ビランはこれを行ってくれている。ただし、彼は矛盾についての二つの可能な読解を持ち続けており、ある場合には〔コンディヤックの〕システムに不統一があると考え、ある場合には時間的な継起があると考えている。「よって、学説は一様ではなかった」（『思考の分解 *De la décomposition de la pensée*』éd. Tisserand, t.III, p. 99）。[3] こう表明して、ビランは二種類の結論を、同時にあるいは交互に引き出している。一方で、コンディヤックは私たちに悪いシステム、二重のシステムを残したとされる（「彼の学説は二重である」、「コンディヤックの二重の理論」）。[4] 二重性を自らの言説の主題と規範にした哲学者にしては奇妙な論法である。彼は熱心に、二重の根源——二重ノ人間（*homo duplex*）[5]——の構造を、唯一原理のあらゆる「錬金術」に対立させたのだから。[6] ビランによれば、コンディヤックの後からだけ、そのシステムを修正すること、より均質、より単純なものにすることができるはずである。

> よって、学説は一様ではなかった。だが、それは新たな単純化を受け入れることができる状態にあったし、より完全な均質性を内包していた。これらはコンディヤックの最も有名な弟子の一人が定めた目標でもあった。〔同所〕

これはトゥラシ[7]のことである。もっともビランはこの箇所のすぐ後でトゥラシを批判するのだが。[8] だが他方、コンディヤックは彼自身、段階を追って、ある著作から次の著作へと、システムの矛盾を手直しし、減らしていったのではないか。そうとすると、この矛盾はもはや年代上の（historique）ずれにほかならなくなる。とはいえ、このずれは単なる進歩のように秩序立ってはいないのだが。システム上の欠陥（vice）は依然残っており、再発を引き起こしたり、結局のところ、その本当の制約を現したりすることがありうる。こうしたことはすべて〔『思考の分解』の〕注で明確にされている。

『体系論』[9]を著しながら、コンディヤックはとりわけ抽象化を行うことは危険だと感じた。ここにあらゆる形而上学者たちの錯誤の共通の源を発見したからである。また、おそらくこのことから新しい理論を試してみる気になったのである。この新理論において、彼は、偶有的な変様からは区別された実体的な自我（moi）といういわゆる抽象観念を退けることになろう。また、このような変様を生み出す原因または外的ないし内的な産出力という観念を退けることになろう。こうして彼は、結果ないし受動的様態（modes passifs）だけを示し、諸能力についての固有の観念を変形して、最初の著作〔『人間知識起源論』〕においてはロックに従って諸観念の特別な源として認めていた反省を、なしですますことができた[10]。こうして彼は『感覚論』[11]を著した。この試みの成功によって、そして知的諸能力の理論の内に明瞭さと正確さを実現したと考えたことによって、彼はもっぱら新しい方法を用いることを強く好むようになった。ところで、この方法はただ言語を作ることに存したため（『感覚論』の第一章[12]を参照のこと）、すなわち、彼の仮説ないし取り決め（conventions）の単純あるいは複雑な諸結果を正確に表現すること、つまりは演繹をすることに存したため、彼は次第に、ある学問の対象が何であろうと、すべてはこの点にかかっていると考えるようになった。最後に彼は、このような程度の単純さに自分の学説自体も到達させたのである。このことは『計算の言語』

によって判断することができる。（前掲書 p. 91, note 1）

しばしば指摘されたことだが、コンディヤックは決して彼の学説全体を体系化したことはなかった。この哲学者のさまざまな著作をしかるべき注意をはらって読み、比較するなら、実際、たやすく気づかれるように、彼の学説は二重であり、結果として、まったく異なった二つの哲学システムを提示している。そこでは、『感覚論』の学説に与するものはどれも、『私たちの知識の起源についての論考』〔ママ、『人間知識起源論』のこと〕の諸原理と両立することはできない。この分裂が生じるあらゆる点を記録すること、また、著者がその後『感覚論』に加えたあらゆる重要な変更を正確なリストに記録することは有益であろう。そうすればおそらく、かくも聡明な精神〔コンディヤック〕が、感じ・起動する存在の能動性により多くのものを付与する必要があると感じていたことが分かるだろう。初め彼は、この存在を、その諸関係のうちもっぱら他者への関係においてだけ考察していたのである。（前掲書 p. 99, note 1）*

＊「コンディヤックの二重の理論の批判的検討」が必要であることは『思考の分解』の第一版においても指摘されている（アンリ・グイエ『メーヌ・ドゥ・ビランの転向』H. Gouhier, *Les conversion de Maine de Biran*, Paris, Vrin, 1947, p. 70-71 による）。

しかし、受動的な感受性〔感覚能力〕（sensibilité）という単純な原理からコンディヤックを遠ざけるはず――ビランによれば『起源論』から始まる進歩である――のあらゆるものが、残念ながらコンディヤックを記号学的能動主義、代数学的人為主義、言語学的形式化へとせき立てることになろう。

このシステムにおいては進歩は不可能であり、このシステムの中心的な欠落によってコンディヤックは依然として二つの誤り（fautes）のあいだで躊躇することになろう。「現代的」読みのモデルが据えられるのは、別の時間的・理論的布置の内部にである。このことは考慮する必要がある。ビランにとって、コンディヤックの企ての究極の真理は以下のようになろう、あるいはなってしまうだろう。企ての終幕――『計算の言語』――が真理に道を開くかのようなのである。

告白するが、私はとても長いあいだ空しく〔『感覚論』における〕変形された感覚という謎の答えを探さなければならなかった。また、思考する能力を分解すること――これは方程式の分解に似ている（〔コンディヤックの〕『論理学』第七章、第一部、および第八章、第二部を参照のこと）[13]――はしばしば私の精神を疲れさせた。私がこの理論の鍵を手にしたと思ったのはただ『計算の言語』を読んだ後のことだった。「推論の対象が何であれ、すべては言語とその変形に帰着する」というような主張の根拠を深く考えた後のことだった。その時私が理解したのは、私たちの哲学者〔コンディヤック〕は、生きた立像の仮説から出発し、この架空のモデル上でさまざまな能力の真の原型的観念（idées vraiment archétypes）を形作ってしまった後、それらの観念を指す術語（termes）を合成したり、分解したりする権限を持っていると――自分でした定義に従って、あるいはそうした定義に即して自らの言語を変形して、そのようにする権限を持っていると――信じることができた、ということである。『計算の言語』が『論理学』や『感覚論』を生み出したような感じなのだ。事実はまったく逆なのだが[14]。『体系論』を著しながら、コンディヤックは、なされた抽象化の危険になおいっそう用心することを学んだはずである。このことから、おそらく彼は一つの理論を試してみる気になった。現にある印象の外で何らかの自己意識、何らかの潜在能力あるいは潜在性（puissance ou virtualité）を備えている理解しえない実体という観念（の使用、ないしはそうした語の使用（ビランはこう自筆で追記している〔グイエによる注記〕））までを、彼はこの理論において退けることになろう。また、自分の最初の著作（『起源論』）においてはロックに従って認めていた反省を、なしですませることになろう。この試みの成功によって、そしてこの試みが知的諸能力の理論を明瞭にしたと考えたことによって、彼は自らの方法の正しさを強く好むようになったはずである。ところで、この方法は（『感覚論』においては、あるいは少なくともその第一章においては）彼固有の取り決めの単純な諸結果を表現することに、したがって演繹をすることに、主として存したから、彼は次第に、学問の対象が何であろうと、すべてはこの点に帰着しうると考えるようになった。〔グイエの〕前掲書〔における『思考の分解』第一草稿の引用〕、p. 88)

この読解の仕組みがひとたび認められれば、それが自由の過多や不足について、順次あるいは同時に、批判をメモ用カードに書きつけていくのを見てももはや驚くにはあたらないだろう。まず、過多〔への批判〕。『起源論』についての「日記帳の覚書」[15]において。

コンディヤック氏は諸観念の生理的なメカニズムに十分配慮していないようだ。私たちは諸観念を自分たちの意志の行為によって生み出す、と彼はほのめかしているように見える。また、諸観念は脳の繊維、あるいは似たような何かの運動の結果[16]ではない、と考えているように見える。

次いで、間接的には、〔ビランが〕以下のものをそれぞれ疑問視する際に。疑問視されるのは、代数主義ないし人為主義、恣意性一般、「学問を、人為的あるいは論理的な諸要素によって代数式のように構築する」ことに帰着するすべて、「形而上学の記号によって、代数の記号によるのと同じほど正確・確実に推論する」ことに帰着するすべて、である。「コンディヤックはこうした見解に彼の学説のほとんどすべてを基づけたように思われる。彼は『感覚論』、『論理学』、そしてとりわけ『計算の言語』において、この見解によく一致しているように見える。」（『心理学基礎論 *Essai sur les fondements de la psychologie*』t. VIII, p. 166-167. t. III, p. 91 も参照のこと）[17]

この恣意性への批判は、合理主義、錬金術主義（ある抽象的で単純で根本的な要素を金に還元すること）、そして観念論への批判と一体をなしている。*

＊「私はとりわけ、いかなる事実の原理にも立脚していない『感覚論』におけるそれ〔コンディヤックの学説〕について語っている。（……）彼はそこですでに暗黙に、何よりも、人格ないし自我（moi）の実在――魂ないし感じる主体の本性それ自体の内にあらかじめ存在している――を仮定している。まるで錬金術師のように……」（t. VIII, p. 168）

「……コンディヤックの学説はある種の観念論に道を開くかもしれない。そこでは自我が、自らのいろいろな変様からなる純粋に主観的な世界の内に一人のままでいつづけよう。」（『思考の分解』t. III, p. 137）

不足〔への批判〕。

コンディヤックとその学派がこれらの〔注意、判断、反省といった〕諸能力を考察した仕方は、自由な能動性の観念をすっかりこれらの能力から排除してしまった。そして、これらの能力を外部のもの（objet）の何らかの影響に、あるいは感受性の固有の素質（*dispositions*）に従わせ、これらの能力を、文化の様態あるいは道徳的発展の様態――この様態はこれらの能力を感覚的なものへの従属から正当にも解放しようとするのだが――には触れさせないのである。（『心理学基礎論』t.VIII, p. 87, note 1.）*

* ビランは初め「意志についてのコンディヤック」――つまり『起源論』が知性のためにしたことを意志の活動のためにするような人――になりたいと思っていた。「コンディヤックが知性を分析したように、自分のことを観察しなれている人が意志を分析することが確かに望まれよう。」（『日記帳 *Cahier-Journal*』t.I, p. 70）

さて、コンディヤックについてもそうだが、ここで〔ビランについて〕も躊躇は問題とはならない。躊躇というこの不明瞭な概念はいつも一つの読解（lecture）の経験的な限界をしるしている。メーヌ・ドゥ・ビランによるコンディヤックの読解にもたぶん当てはまる。だが、それだからこそ、この読解には二重に〔二人について〕用心しなければならない。*

* たとえばG・マディニエはメーヌ・ドゥ・ビランの「躊躇」に言及している。『意識と運動』G. Madinier, *Conscience et mouvement : étude sur la philosophie française de Condillac à Bergson*, 2e edition, Editions Nauwelaerts, 1967 (1re edition, F. Alcan, 1938), p. 78 参照。

能動性と受動性の対立――これは広く受け入れられているが、十分に追求されてはいない――、これこそがちょうつがいの役を果たしている。受動性の価値が明らかであることを頼りに、ビランは、受動性の結果としての観念論〔つまり自由の不足〕への批判を、能動主義、人為主義、形式主義としての観念論〔つまり自由の過多〕への批判へと転ずる、あるいは転ずるにまかせる。というのも、自我の受動性の範囲内でだけ、自我は自分自身の内に閉じ込められたままでいる〔つまり観念論へと向かう〕のであり、自由の過多は自由の不足の他の面なのである。

ある種の観念論――そこでは自我は、自らのいろいろな変様からなる純粋に主観的な世界の内に一人のままでいつづけよう。その間、他方で、これらの変様はまったく受動的で、そうした変様を受け取る諸器官やそうした変様を生み出す諸物体が客観的な現実であることを必然的に前提としている。思うに、こうした矛盾を免れるためには、二重の観察の根拠まで、あるいは意識の最初の事実まで、この最初の事実が立脚する始原の（primitive）状態まで、遡らなければならないのである。[18]

（『思考の分解』t.III, p. 137-38）

解読（lecture）の作業は何から成り立つのか――この作業はここでは、たとえば、ある人が二重性（duplicité）として引き受け、受け止めているものを、他の人において形式的な矛盾、躊躇、あるいは体系上の不一致として構成することになるものなのだが。なぜ、能動性／受動性という一対はコンディヤックにあっては矛盾となり、ビランにあっては二重性の分析となるのか。どちらかに決定する解読の厳密な基準は存在するのだろうか。この問題（一方のテクスト性（textualité）と他方の弁証法や言おうと欲すること（vouloir-dire）との関係[19]）がこの空間においてはっきりしてくるのは――つまり、ここで提起される解読のもつエコノミーがどのようなものかがはっきりしてくるのは——反復の[20]問題によってである。コンディヤックにあってもビランにあっても（そしてこれらの名を通して示されるあらゆるテクスト空間においても）、反復という価値に一貫して頼ること——こうすることの法則も可能性も決して問われることはないのだが——が能動性／受動性という対立をもつれさせている。その際、この不決定（indécision）の規則は決して概念（concept）となることはないのだ。限界とはたぶんここで、ある一つの概念の限界なのではない。そうではなく、反復の構造については、概念というものの限界〔概念が形成されえないということ〕なのである。

すでに十九世紀にコンディヤックの哲学はものごとを単純化しがちな批判から標的にされていたが、こうした批判が、同時にあるいは順に、彼の唯物論と彼の観念論ないし唯心論、彼の経験論と彼の形式主義、彼の感覚論的あるいは生成論的（génétiste）心理主義と彼の論理主義的代数主義、に向けられたのはたぶん必然であった。フランスにおけるコンディヤック読解の歴史は、大学教育の歴史、そして大学の哲学教育のモデルの歴史でもある[21]。そして、これはいささかも外的・偶然的ではない関係に対応している。この関係のシステムはきわめて綿密に分析されなければならない。複合的で必然的なプロセスの果てに、コンディヤックの思考は、多くの大学生の想像の中で、しばしば立像の硬直したかたくなさとバラの香りのはかなさとに極限されてしまったのである。

コンディヤックはそれに驚いただろうか。いずれにせよ彼は自分の時代の大学に批判的であった。*

* 長い引用が必要だろう。あいにくにも遭遇した歴史の働きのせいで、コンディヤックのこれらのテキストはほとんど入手できない。ここでは歴史は大学の歴史によって代表させられている。

教育方法は、無知が教育計画を立てていた過去の世紀の影響をいまだに受けている。というのも大学はアカデミーの進歩の後を追うにはほど遠かったのである。新しい哲学が大学に導入され始めるとしても、そこで確立されるのは難しい。そしてさらに、新しい哲学が大学に入るのを許されるのも、ただスコラ哲学のぼろ着を身にまとうという条件でなのである。（……）よい施設を作るだけでは足りない。さらに悪い施設について、取り壊したり、あるいはよい施設の計画に基づけたり、可能ならよりよい施設に似せたりして改革しなければならない。教育方法が十三世紀における誤っていてほしくない。スコラ哲学者たちはいくつかの欠陥（défauts）を取り除いたが、知らずにそうしたのだし、意に反してそうしたようなものだ。旧弊に浸りきり、彼らは保持し続けているものに執着する。同じ情念によって、彼らは手放したものにも執着した。彼らは、何も失うまいと戦った。失っていないものを守ろうとしても戦うだろう。手放さざるをえなかった立場に彼らは気がつかない。さらに手放さざるをえないだろうことを彼らは予測できない。（……）大学は老いている。年齢からくる難点を抱えている。つまり、大学は改まるようにはほとんどできていない。教授たちが、知らない物事を学ぶために、知っていると信じている物事を捨てると考えられようか。（『教程　近代史』t.II, p. 235-36）

〔生成論と計算との〕二者択一の解消を考えよう。ただし、その解消がある特定の対象、ある個別の分野にかかわるのではなく、生じてくる学問の計画それ自体にかかわる、そうした点において考えよう。もっとも、新しい学問は知の獲得物を類比によって一般化しつつ秩序立て、その結果を管理しようとするにすぎないのだが。生成モデルも組み合わせモデルも、別々では次の事実を説明することはできない。

事実とは、「新しい組み合わせ」が存在するということである。一つの学問の発明（invention）は同時に、このことの例であり発見である。こうした事例の一つが生み出されることであり、こうした法則についての概念である。『起源論』はこの発明を才能（talent）よりも天才（génie）の仕業としている。だが、天才が意味するところを理解したふりをするのはやめよう。まず、道を通すこと（frayage）について、つまり、ある新しい組み合わせの可能性、「いわば」一つの創造について、考える必要があろう。私たちはいまだそこから遠いのである。

厳密に言えば、私たちは観念を作っているのではない。私たちはただ、感官（sens）[22]から受けとるさまざまな観念を集めたり分解したりして、組み合わせるだけなのである。発明の才とは新しい組み合わせを作るすべを知ることにある。発明の才には二種類ある。つまり、才能と天才である。才能は、技芸やよく知られた学問において、さまざまな観念を、ふつう期待されるような結果を生むのにふさわしい仕方で組み合わせる。ある時にはよりいっそうの想像力、ある時にはよりいっそうの分析力が要求される。天才とは、才能に知性——いわば創造的な知性——の観念を付け加えたものである。天才は新しい技芸を発明する。あるいは、同じ技芸の中で、すでに知られてきたジャンルに匹敵し、時にはそれを凌駕しさえする新しいジャンルを発明する。天才は、天才だけが持ちうる視点から事物を眺める。新しい学問を誕生させる。あるいは、すでに開拓されてきた学問においても、到達できないと思われてきた真理への道を切り開くのである。（『人間知識起源論』一―二―一一―104）

生成の概念は『起源論』の構築に、そして生得観念説に対するあらゆる批判に不可欠だが、それ自体組み合わせられた概念である——そこに新しさが認められるという条件で。この新しさに生得説の哲学者たちは無自覚である。したがって彼らは、生得観念の分類と生成（genèse）の経験論とのあいだで、計算と生成（engendrement）とのあいだで選択しなければならないと思っているのである。

哲学者たちがあれほど曖昧で混乱した推論をするのも、ひとえに、精神の作品であるような観念もあるということを彼らが予想していないからであり、あるいは予想しているとしても、そうした観念の生成（génération）を解き明かすことができないからである。（……）それゆえなすべきことは——繰り返して言うことを許していただければ——観念の新しい組み合わせを作ることである。

（同書 二—二—三—32）

『起源論』のこのパラグラフが明瞭に示しているように、「観念の新しい組み合わせ」と言われるものは同時に、一般的可能性（人は観念の新しい組み合わせを実際に生み出すことができる）と、この可能性の概念とを指している。つまり、哲学者は、観念の組み合わせについて観念の新しい組み合わせを作るべきなのである。観念の秩序と生成とについての別の概念を生み出すべきなのである。

それゆえなすべきことは——繰り返して言うことを許していただければ——観念の新しい組み合わせを作ることである。感官が伝達する最も単純な観念から始め、そこから複合概念（notion complexe）を作っていくことである。作られた複合概念は、今度はそれらが互いに組み合わさって

さらに他の複合概念を生み出し、同様に続いていく。（同所）

このことは新しい論理、すなわち、新しいものの付加は有限数の単純なデータが単に連合ないし錯綜すること――つまりは類比的に連関すること（liaison analogique）――から生じる、という論理を要求する。

自ら実例となって、この論理は新しい。それはあらゆる過去から断絶した歴史的布置に属すると主張しているからである。とはいえ、この論理は、メタフィジークの最も古い源泉に属する一連の基本的な哲学的要素（philosophèmes）を再構成しているだけでもある。この論理の実例は、（文化、イデオロギー、哲学、学問についての）歴史観の大きな対立、つまり、連続主義と非連続主義、進化論と後成説の歴史観の対立に抵抗している。さらには分類法《タクシノミー》と歴史との大きな二者択一にも抵抗している。(23)だが、単にこれらに抵抗しているにとどまらない。すでにこれらの対立を受け入れることができ、これらの対立よりも強力（puissant）で（これらの対立を潜勢態（puissance）にし）、この論理は一つの学問分野――範疇によって、あるいは区分（découpage）・連接（articulation）の指標によって規制された一つの学問分野（伝統的なものであれ現代のものであれ、名が何であろうと）――の対象として収まりうるはずはない。この論理は、あたかも自発的に、これらの範疇・指標を欺き、それらを脱構築する。私たちが無邪気にも目の粗い網でそれを捉えたと思う時には、この論理はもはやそこにはないのである。

実際、コンディヤックは単に新しい学問を生み出す（engendrer）こと――生成する（générer）ことと言ったほうがよいかもしれない――を欲しているだけではない。あるいはとにかく生成――彼の「時代」における生成――に特別な寄与をしようと欲しているだけではない。彼は同時に、ある一般的解釈、つまりある理論が出現する一般的諸条件の理論を提起しているのである。

この二重のふるまい、この種の「歴史的な」反射関係は、それ自体の叙述の上に折り畳まれるのである。

見たところ、すべては天才の理論に帰着する。新しい学問の出現は天才のひらめき、個人としての天才のひらめきに由来している。個人としての天才の根本的な性質は想像であるように思われる。だが、想像は、自然が語りかけることに従うため、そして、どこから始めるべきか知るために必要なことだけを思いつく（inventer）のである。このモチーフは『起源論』以来働いており、これについては先で確かめよう[24]。だが、『計算の言語』がこのモチーフの最良の定式を打ち出している。

> 思いつくことは、自分の想像の力で何か新しいものごとを見つけることだ、と言われる。この定義はまったく不適当である。

そして、想像の力を分析の能力に置き換えた後で[25]、次のように言う。

> それでは天才とは何か。それまで誰も見つけることができなかったものごとを見つける単純な精神である。私たち皆に発見への道をたどらせる自然が、天才がこの道から決して外れることのない

ように目を光らせているように思われる。天才は始まりから始め、前へと進む。以上が彼の技のすべてである。単純な技であり、それゆえに彼はそれを取り上げられたりはしないだろう。（『計算の言語』第二篇「数字と文字による計算の操作」、第一章「発明の方法と見なされた類比」t.II, p. 470）

天分に恵まれた人たち（homes de génie）と言う時、私は自然を排除してはいない。彼らは自然のお気に入りの弟子なのだから。（同書 p. 420）

理論上の要請（décret théorique）のようなもの、一度に神秘的、自然主義的、心理主義的、蒙昧主義的、反歴史的である前提のようなものは、歴史的なタイプの問いを発することを制限しはしない。このことは制約を有するシステムの規則でさえあり――この資格において私は実例をここに挙げている――、この規則がコンディヤックのやり方を規定している。前提がしかるべき場所に置かれるのは、いわばこの前提の固有の制限を離れて、可能なことの諸条件について問いと仮定を立てるためである。感受性[26]と経験という〔コンディヤックの二つの基本的〕概念（concept）は、これら可能なことの領域を確定して起源の問いを発するのだが、こうして〔原罪という〕一つの信仰箇条をもとにして形成されることになる。〔「したがって、私たちは感官から由来しないような観念を持たないと私が言う時には、よく覚えておいてほしいが、原罪を犯して以来私たちが置かれている状態についてだけ語っているのである。上の命題は、〔原罪以前の〕無垢の状態にある魂や、肉体から離れた後の魂に適用された場合にはまったく誤っていよう。こうした二つの状態にある魂が持つ知識については私は論じない。なぜなら、私は経験に基づいてしか推論することができないからである。（……）私たちのただ一つのねらいは経験に諮ること、そして誰も疑うことができない事実に基づいてだけ推論することでなければならない。」（『起源論』一―一―一―8）

かくして、「それまで誰も見つけることができなかったものごとを見つける」天才といえども、ある諸条件の下でしか見つけることはない。〔天才が創始する〕一つの学問の起源は学問というものの起源ではない。『類義語辞典』[27]で提案された見つける（*trouver*）、発見する（*découvrir*）、思いつく（*inventer*）、出会う（*rencontrer*）のあいだの区別がよく示しているように、コンディヤックにとっては、学問上の一つの発見、さらには一つの新しい学問の創始は、一つの歴史の複合された鎖に属している。この鎖においては、事実、仮定、概念、理論といったものは同質で同時的な「新しいものごと」なのではない。これらの〔語の〕定義が実例としているもの――それは一挙に実例以上のものになる――はニュートンの発見だが、これはコンディヤックが自分の論証（discours）の「モデル」であると、また、その論証を行う条件でもあると考えた――こう考えた意味ははっきりさせる必要があるが――二つの発見のうちの一つである。[28]

いろいろな技芸や学問が誕生した時には、発見したというより出会ったのであった。前世紀には、出会ったというよりも発見したのである。かつて出会ったものについて反省することで、発見をし始めたのである。ニュートン以前の何人かは、ニュートンが発見した重力、デカルトが見つけることができなかった重力に出会っていたのである。（『類義語辞典』t.III, p. 545. また『計算の言語』t.II, p.

471も参照のこと）[29]

発見の諸条件を媒介するものはいつも言語の歴史、記号システムの歴史である。この歴史はそれ自体自然の諸条件を有し、それは『起源論』で分析されているのだが、この歴史がいつも天才のひらめきを準備しているのである。天才のひらめきが、言語のある状態、あるいはある一般的な記号の可能性が形成される以前に生じることはありえない。最も自然的ではない言語、代数、計算の言語——こうしたものは同時に学問であり言語でもあるのだが——は歴史的可能性であり続けている。これらは歴史を持ち、歴史を開くのである。

天才たちを開花させるのに適した状況は、ある国民において、その言語がしっかりした原理と明確な性格を持ち始めるような時代に出現する。したがって、こうした時代は偉大な人々が輩出する時代である。（……）想像と記憶の働きは完全に観念連関（liaison des idées）に依存していること、また観念連関は記号の間の関係や類比によって作られるということを思い出してほしい[30]。そうすれば、ある言語の内に類似した言いまわしが少なければ、その言語はそれだけ少ししか記憶と想像を助けることができないということが分かるだろう。したがって、こうした言語は才能を発展させるのに向いていない。言語についての事情は幾何学者の数字についての事情と同じである。数字がより完全なものになるにつれて、新しい視野が開け、精神が広がっていく。ニュートンの成功も、彼以前に記号が選定され、計算の方法が考案されていたことによって準備されていたのである。もしニュートンがもっと早く生まれていたなら、その時代の偉人にはなっていたかもしれないが、私たちの時代からの称賛の的にはならなかっただろう。他のジャンルにおいても事情は同じである。最も秩序立った考え方をする天才たちであっても、その成功はひとえに彼らの生きる時代における言語活動の進歩に依存している。というのも、言葉は幾何学者の記号にあたり、言葉の使い方は計算の方法に相当するからである。したがって、言葉が不足していたり、十分に使いやすい構造になっていなかったりする言語には、代数が発明される以前に幾何学に見られたのと同じような障害が見出されるはずなのである。(『起源論』二―一―一五―146／147。また t.II, p. 222 も参照[31])

さて、天才が言語によって、記号間の類比のある状態によって生まれるのなら、天才はまたこの言語とこの状態とについての学問によって定義されることになる。この学問は組み合わせについての、また「新しい組み合わせ」についての一学問である。この学問は、記号間の類比の歴史的発展と、言語固有の特質 (génie) ――それ自体独自の組み合わせの仕方でしかないのだが――とを同時に考慮に入れる。

私は尋ねるが、それぞれの国民が、その国民の固有の特質に応じて諸観念を組み合わせたり、その国民がさまざまな影響を受けているのに応じて、主要な観念からなる基盤にさまざまな付随的観念を結びつけたりすることは自然なことではなかろうか。ところで、こうした〔観念の〕組み合わせは、長く使われることで権威づけられていくが、この組み合わせこそが、ある言語の特質をなすも

のなのである。（『起源論』二―一―一五―160）

しかしながら、こうしたことはいずれも一つの〔真の〕歴史を作り出すようには思われない。歴史という言葉あるいはむしろ概念（notion）は、かの発展の概念（conception）や、あらゆる種類の進歩・更新（novation）といった概念とは両立しないように思われる。これらの事象はいたる所で自然の秩序によって限定されてしまっている。コンディヤックは「言語活動の進歩の歴史」（同書 二―一―一五―162）、「言語活動の歴史」（同書 一―二―五―49）、「人間精神の歴史」（『教程 近代史』t.II, p. 221）について語っている。しかし、これは物語としての歴史、つまり、一つの定められた進歩――一つの自然な進歩――をたどる物語としての歴史なのである。ここで歴史は一つの自然な秩序の発展でしかない。他方では、もちろん、天才の役割は決して消えることはない。言語は天才に基礎的な諸条件を提供しているので、天才はもはやそうした諸条件を認知しさえすれば、それらを利用することができる。だが、天才はある能力を自分のものとして保有しており、その能力を今度は言語に向けるのである。

偉大な人物たちも自国の国民の気質をどこかで受け継いでいるのではあるが、自国民の気質とは異なる何かを彼らはいつも持っている。彼らは固有の仕方でものを見、感じる。そして、自分たちの見方、感じ方を表現するために、類比の規則に従って、少なくともそこからできるだけ逸脱（*s'écarter*）しないようにしながら、新しい言いまわしを考案（imaginer）せざるをえなくなる。そうすることで、彼らは、自分たちの言語の特質（*génie*）に順応し、同時に自分たちの天才（*génie*）をそこに加えるのである。*（筆者強調）（『起源論』二―一―一五―153）

*「……できるだけ逸脱しないようにしながら。」たわいないものの考古学とはこの天才の逸脱のことなのである。

　言語の最終的な進歩をもたらす原因を示したので、次は、言語が頽廃してゆく原因を探究する番であろう。といっても、両方の原因は同じなのである……。

「天分に恵まれた人」は「新しいルート」を試してみる。

しかし、その言語の性格や彼自身の性格に類似したあらゆる語法（style）は、先人たちによってすでに利用されてしまっているので、彼には類比〔の規則〕から逸脱することしか残されてはいない。こうして、独創的であろうとして、彼は一つの言語の崩壊を準備するはめに陥るのである。もし一世紀早ければ、彼はその言語の進歩を促進していたであろうに。
　彼のような著作家たちが批判されるとしても、彼らにはありあまる才能があるので、結局は大きな成功を収めることになる。彼らの欠陥をまねするのは簡単なので、凡庸な人たちは、自分たち次第で同じような評判を得ることができる、とやがて信じ込んでしまう。こうなると、細かくまわりくどい考え、気どった対句、人目を引く逆説、たわいない言い回し、凝った表現、必然性のない言葉づかい、そして要するに、悪しき形而上学に染まった才人たちの隠語、といったものが幅をきかせるようになるのが見られよう。大衆が拍手喝采するので、たわいなく、滑稽で、その場限りの作品が増殖していく……。（同書 二―一―一五―158／159）

3　想像——概念の代役、力の話

自然のあるいは国民ごとの天分、それに言語の進歩、こうしたものしかないのであれば歴史はない、と考えられるかもしれない。だが、個人的な天分、「新しい組み合わせ」、「類比の規則に従った新しい言い回し」、慣用からの逸脱（écart）、こうしたものが歴史を——歴史が新しい予見できない出来事を含んでいる限りにおいて歴史を——作り出すのである。逆に、こうも考えられるかもしれない。個人的な天分やそれにまつわる出来事を個人的天分にかかわる諸条件に還元してしまうことはできないとしても、だからといって歴史がより多くあることにはならず、ただ逸脱、氾濫、特異な想像の力に基づく不連続があるだけだ、と。だが、すでに見たように[1]、思いつき〔発明〕は想像に由来しているわけではないし、想像が何でも作り出す力を持つわけでもない。実際には、新しいものを生み出すことも、想像も、所産（productions）でしかない。つまり、類比的連関や反復によって、今はそこになくとも、そこにあったはずのものを明るみに出すことなのである。

こうして、すべてによって私たちは反復の時へと、『起源論』で叙述されているような想像の地位へと導かれる。想像は、まず、知覚〔perception〕の失われた対象を描き直すもの、再現〔reproduction〕として生み出すものである。こうした想像の働きは、注意〔想像はその最初の変様でしかないのだが〕[2]が知覚の〔実際にはなくなってしまった〕対象を残存させるにはもはや十分ではなくなり、一方、注意の最初の変様〔つまり想像〕が注意から分かれて、かすかな現前〔présence〕〔残像状態〕から不在〔absence〕への移行を準備すると、すぐに起こりうる。それは記号の機能する領分〔instance〕、それゆえ一般的な歴史的環境の領分であり、個人的な天分と言語の進歩とが交流し合う逸脱の領域〔élément〕でもある。

経験の教えるところでは、注意の最初の結果は、もの〔実在の対象〕が引き起こした知覚を、ものがなくなった時にも精神の内に残存させることである。ふつうこれらの知覚は、ものが現にあった時にそれらが有していた秩序と同じ秩序に従って精神の内に保存される。それによって、これらの知覚相互に連関〔liaison〕が形成され、そこから覚え〔réminiscence〕[3]のようないくつもの作用が生じる。その最初のものが想像である。注意はある知覚とあるもの〔の知覚〕のあいだに連関を打ち立てるわけだが、同じものを見かけると、この連関の力だけで〔初めの〕同じ知覚が描き直される。この時想像が働いているのである。時には、たとえばあるものごとの名を耳にするだけで、まるでそのものごとを目の前にしているかのように表象することができるのである。〔『起源論』一―二―二―17〕

まず、「連関の力」という価値に注目しよう。コンディヤックはこれを強調してはいないが、これは彼の論証全体の能動的なバネなのである。一つの作用あるいは一つの構造から別のそれへの移行（連続　と／あるいは　断絶）は、したがってそれらの概念のつながり（articulation）は、いつも力の差、力の量の差に戻っていく。ところで、目下の問題圏全体を支配している普遍的な類比の法則こそこうした性質を帯びている。力の量はつねに連関の量だからである。

力はまず連関の力として規定される。また、その量は連関の量として規定される。

連関の量とは何か？

この問いに対してコンディヤックは最後まで答えていないようだが、たぶんこの問いが『起源論』の脱構築的読解を導くことになるだろう。ある組み合わせの「新しさ（nouveau）」は、ある――最も大きな――「連関の量」の分析から生じる。

分析こそ発見のための唯一の秘訣であると私は言った。[4] では分析の秘訣は何か、と問う人がいるかもしれない。それは観念連関である。ある対象について反省しようとする時、私がはじめに着目することは、その対象について私が持っている諸観念は、私がまだ持たずに探している諸観念と結びついている、ということである。次いで観察できることだが、これら二種の諸観念は相互に多くの仕方で組み合わさることができ、組み合わせが異なるのに応じて、観念のあいだの連関は強くなったり弱くなったりする。それゆえ、連関が可能な限り強くなるような、そういう組み合わせを想定することができるし、また、連関が徐々に弱くなっていき、最後には連関が見てとれなくなってしまうような、そういう他のいくつもの組み合わせを想定することもできる。もし、私が、求めている諸観念とのはっきりした連関をまったく持たないような側面からある対象を検討するならば、何一つ発見できないだろう。また、連関が弱い場合には、わずかなものしか発見できないだろうし、私の考えはこじつけや偶然の結果であるとしか思えないだろう。こういう仕方でなされた発見は、さらに別の発見へ到達するための光明を私にほとんど与えてくれないだろう。しかし、求めている観念との連関を最も強く持つ側面からある対象を眺めるならば、私はすべてを発見することだろう。

（『起源論』二―一―三―39）

既知のものと未知のものとの連関の量、類比の（場合によっては比例の）過程としての分析、新発見としての刷新（innovation comme révélation）、現前するものと不在のものとの連関のエネルギー、構造的な対立としての程度の差、不連続な連続、こうしたすべては、反復（描き直すこと、補うこと）の力としての力の概念の内で交差し、つながり合う。

読解の中で次のことが分かろう。このつながりのシステムあるいはこの交差のシステムは、規則的にテクスト全体の静かな破裂を生み出し、一種の裂け目あるいはむしろ一種の分裂を個々の概念や個々の言表の内に生じさせる。今私たちの関心を引いている文脈において二つの例を見てみよう。

1．説明が力という概念（notion）に頼るとすぐに、説明は押し流され、適合しなくなる。コンディヤックは他の箇所で、この力という概念の蒙昧主義的な効果や「隠喩的な」価値を告発している。(5)隠喩的な、つまり類比的な（analogique）価値である。つまり、連関の力、類比のエネルギーはそれ自体、類比的概念（concept）しか生み出せないのだ。ここで『類義語辞典』——これは類比の哲学の当然の所産であり、言語の隠喩的理論の適用である——を参照すべきである。引力は普遍的連関の物理モデルであり、この普遍的連関が類比によって観念の領域に移されることになる。その項目では次のように読むことができる。

> 引力。女性名詞。推力（impulsion）と同様に未知の原因に与えられた名。引きつける力であり、推力が押しやる力であるのに対応している。一方、力という語も私たちの知らない原因に与えられた名である（力の項参照）。引力は普遍的である。いくらかの場合には、引力が従う法則が知られている。だが、こうした種類の言葉に注目することは私の意図からは外れる。私がこの言葉にふれるのは、ただそれが重力、重さといったものの原因だからである。私はこれらの項目を書いてもよかったのだ。ただし、予言できようが、ニュートンの体系がより広く知られた時には、この言葉は比喩的に（figurément）用いられることになろう。実際、たとえばなぜこう言ってはいけないのか——人々のあいだには引力があるが、これはただ人が接するところで、あるいはせいぜいわずかに隔たってのみ働くのだ、と。〔t.III, p. 66〕

次に力の項を読んでみよう。力の概念の価値を引力の項において批判した[6]時のように、コンディヤックはあらかじめビランの反論の裏をかき、その背後をついている。* 力の原義は努力の内的な感覚（sentiment intérieur）から発し、それは〔感覚論者コンディヤックにとって〕ほかの語の原義と同じく感覚的であり、身体的であり、自らの身体の次元に属している。隠喩と類比によって――これがこの類義語辞典全体を編成するうえでの規則なのだが――、この原義は移し替えられ、「比喩的に」拡張されるのである。

* 「私たちの内には私たちの行為の本源（principe）がある。それを私たちは感じるが、定義することはできない。この本源は力と呼ばれている。」（『感覚論』〔一―一―11 原注〕t.I, p. 226）この内的な感覚から、初めはこの感覚だけから、私たちの力の観念が生じる。なぜならコンディヤックは、たとえその観念が対象の認識あるいは定義をもたらさないとしても、私たちが力についての何らかの観念を持つことを否定しなかったからである（「内的な感覚、あるいは意識から、私たちは力と呼ぶものの最初の観念を得ている」〔『類義語辞典』「力」の項〕）。したがって、次のようなメーヌ・ドゥ・ビランの批判は少なくともそのままでは通らなくなるはずである。「この場合、私たちの内で私たちの実在の感覚それ自体と同じくらい現実的である能動的な力の観念を自然学者たちのように退けてしまうと、他方で、あの〔それとして能動的であるはずの〕受容の能力ないし性質をその受動的諸結果と混同してしまうことになりはしないか、と私は自問する。」（『思考の分解』t.III, p. 101）「否、たぶん力の心像（image）は作られない。だが、私たちが努力や意志運動の中で行使する力の観念ないし内的感覚（sentiment intime）については、どうして否定できようか。」（同書、p. 185, n. 1）

内的な感覚、あるいは意識から、私たちは力と呼ぶものの最初の観念を得ている。〔力という〕この性質によって、私たちは諸物体を動かし、運ぶことができる。私たちに抵抗するものに打ち勝つことができ、私たちに働きかけるものに抵抗することができる。（……）この語は身体〔の運動の場面〕から精神や魂〔の作用の場面〕に移された。（……）いろいろな力は、それらを結果として生じる多くの事物と取り違えられる。（……）この語はさらに無生物（choses inanimées）に移された。だが、その場合、この語は理解しえない原因、結果によってしか知りえない原因の名であることになる。この原因は、その原因を発見したと思った人たちのあいだに語をめぐる多くの論争を引き起こした。その結果、多くのばかげたことが言われた。諸物体の力について自然学者たちが言ったことを思い起こしてみたまえ。〔……〕思考や表現や推論や論述（discours）の力も語られる。だが、これらの例や他のあらゆる例については類比が教えてくれよう。〔t.III, p. 285〕(7)

したがって、無生物についての学問である物理学の分野においてだけ、力は理解しえない原因の名なのである。だが、無生物から精神的な活動、思考、精神、観念へと移る時、力はその原義を取り戻すというわけではない。この場合、なおも隠喩が問題となるからである（「この語は身体から精神や魂に移された。〔……〕思考や〔……〕論述の力も語られる。だが、類比が教えてくれよう」）。つまり、〔力の〕「最初の観念」、原義は自らの身体の内的経験に——感知できるものである「内的な感覚、あるいは意識」に——とっておかれる。だが、私たちはここでどんな定義にも達していない。『起源論』においてコンディヤックは「連関の力だけ」を手掛かりに、現前と不在のあいだの関係を、一つの知覚を、注意や想像をはじめとする他のあらゆるものを定義するのだから、力という語をどのような意味で理解すべきなのだろう。この語をどのような意味へと広げる、とっておくべきなのだろう。そして、もし言語活動がもともと隠喩的であり、始原のもの（primitif）が比喩的（figuré）であるならば——これはこの〔私の〕論文を構成する主張だが——、どこに力を見出したらよいのか。ここではこの問いにはただ手をつけるだけにしよう。

2．他の不適合化、他の分裂。〔ある説明を〕適合しなくさせ、「新しい組み合わせ」を生み出し、既知のことがらを開け放つ——そのようなものの概念自体にこれはかかわっている。つまり、反復（描き直し、補うこと）、記号、時間、そして類比を結びつけるシステム全体にかかわっている。

想像が問題となる。

まず、第二章においては（『起源論』一―二―二―17）[8]、想像はただ再現的であり、知覚されたものを「描き直す」。この意味で想像は何も発明しないし刷新しない。ただ、既知のことがらのいろいろな有限な現前を互いに結びつけているだけだ。だが、現前するものと不在のものとの連関の力は「新しいもの」の産出を解き放つ。

産出的（*productrice*）力もなお想像と呼ばれている[9]。

この名は、その使用法を統御する（régler）ことができれば曖昧なものとはなるまい。だが、この名で呼ばれるものは、類比、隠喩、既知のものと未知のものとの連関、あるいは現前するものと不在のものとの連関によって、言語全体に曖昧化の危険を招じ入れるかもしれない。

『起源論』の問題圏全体は想像という語の二つの意味のあいだに広がっているといえる。つまり、描き直す再現的想像（ここでは連関はいわば結合して（liée）いる）と、補うために何かを付け加える産出的想像とのあいだにである。想像の自由は何章か先で定義され、注が付けられることになる。

対象が目の前にない時でも私たちはその知覚を思い起こす（réveiller）ことができるが、私たちのこの能力〔想像〕は、まったく無縁な観念どうしをいっしょにまとめ（réunir）結合させる（lier）能力も私たちに与えてくれる。私たちの想像の中で新しい姿かたちをとれないようなものは何もない。想像はある基体（sujet）の諸性質を別の基体の中へ自由に移しかえることができ、この自由によって想像は、自然にとってはいくつもの基体を美しく飾るのに十分なほどのものを、ただ一つの基体に集めてしまうこともできる。ちょっと見には、私たちの観念を意のままにする（disposer de）想像のこうしたやり方ほど真理に反するものはないように思われる。実際、私たちが〔想像の〕この働きを制御（se rendre maître de）できないなら、この働きのせいで私たちはきっと道に迷ってしまうだろう。だが、それを統御するすべを知れば、この働きは私たちの知識の主要なばねの一つとなることだろう。（『起源論』一―二―九―75）

ここで注が付けられるのだが、それを引用する前に注意しておきたい。まず、自由とはただ移しかえ（一つの基体に属する述語を別の基体に移行させること（déplacement）と隠喩の働きと）の自由である。また、想像には二つの概念があるだけではない。産出的想像それ自体が二つの可能な価値あるいは結果を有している。つまり真理と偽（non-vérité）である。

注。

私はこれまで想像を、ただ対象が不在の時にその知覚を思い起こす働きとしてだけ考えてきた。だが、この働きの諸結果を考察した今では、〔この語の〕慣用に歩み寄っても何の不都合もないと思う。むしろそうしなければならないとさえ思う。それゆえ、この章で私は想像を次のような働きであるとみなすことにする。つまり、いろいろな観念を思い起こし、これらの観念から意のままに（á notre gré）つねに新しい組み合わせを作り出す働きである。したがって、今後私は想像という語に二つの異なった意味を持たせることになる。しかし、これによってどんな曖昧さも生じることはなかろう。この語を使う状況に応じて、特に念頭に置いている意味をいちいち明確にしてゆくつもりだからである。*（『起源論』一―二―九―75）

* 注目すべき指標がある。『起源論』の最終頁で、想像という語は二度、順に、二つの異なった資格で現れる。素材として、かつその活用として。内容として、かつ形式として。

感官が私たちの知識の源泉である。さまざまな感覚、そして知覚、意識、覚え、注意、想像といったものが――ただし最後の二つは、私たちの意のままにならないものとして考えているのだが――私たちの知識の素材である。記憶、想像――私たちが意のままにできるそれ――、反省、その他のいろいろな働きはこうした素材を活用する。これらの働きを実行するために私たちが依拠するいろいろな記号は、これらの働きに使われる道具でもあり、観念連関は他の〔観念連関以外の〕あらゆる働きを発動させる最初のばねなのである。（『起源論』二―二―四―53）

したがって、素材／活用の対立が想像の概念を貫き、分割しており、こうして想像はこの対立の領域ないし場となる。想像をその内部において特徴づけている対立は、また関連して、無制御（non-maîtrise）と制御（maîtrise）の対立であり、非＝自由裁量（*non-disposition*）と自由裁量（*disposition*）の対立である。この対立は『起源論』全体に畝《うね》をつけ、秩序立てている。記号（signe）、記号作用（signification）は、今見たように〔活用の働きの〕実行の条件かつ道具であり、そうしたものとして制御の働き、自由裁量化（*mise à la disposition*）なのである。想像の二つの概念があるとしても、記号にも〔実行の条件と道具という〕二つの概念あるいは価値があり、このことは取るに足らないことではないだろう。

「私たちがこの働きを制御できるなら」――「制御できる」、「意のままにする」は『起源論』によればあらゆる働きの究極の意味である、と確認できよう。身ぶり（action）と身ぶり言語（langage d'action）が初めにあるにしても、コンディヤックはそれらをいつも公理のように制御ないし制御への運動として規定する。[10] 想像の二重性はちょうつがいとして働くので、想像を制御できること、その曖昧さと危険をコントロールすることは、制御の重要な戦略的な働きであり、ほとんど制御そのものであるといえよう。

だが、確かに、制御は制御であるためには、ないものを、つまり無を我がものとしなければならないのだから、制御は決してそれ自体としてあるわけではない。制御があるとしても、それは実在はしないのである。

いろいろな想像は歴史の場と「言語活動の進歩」とを構成する。これらについて物語を作るなら信憑性があるものでなければならないが、想像のただ中で、言語活動についての言語活動のただ中で、寓話に似てしまうおそれがつきまとう。作り話（roman）との類似（affinité）、さらには神話的認識論との類似*は、この物語にとって生まれつきのものなのだ。

＊「無知はいつも判断を急ぐ。そして、理解できないことすべてを不可能だと言う。私たちの諸能力と諸観念の歴史は、洞察を欠く精神にはまったく夢のような作り話に見えよう。こうした人たちは教化するより、黙っていてもらうほうがたやすかろう。自然学や天文学においても、昔の無知な人たちによってどれほど多くの発見が不可能と見なされたことだろう。」（『推論する技術 *De l'art de raisonner*』t.I, p. 633）

こうした言語活動の進歩の歴史を通して気づかれようが、いろいろな言語は、それらをよく知る人にとっては、それぞれの国民の気質や特質を描き出す一幅の絵のようであろう。そこでは、想像がいろいろな観念を偏見や情念に従ってどのように組み合わせたかが見てとれよう。(……)しかし、一国の習俗が言語に影響を与えてきたとしても、名高い作家たちが言語の規則を確定してしまうと、今度はこの言語のほうが習俗に影響を与え、一国民に長くその気質を保たせたのである。このような歴史の全体は作り話と見なされるかもしれない。しかし、少なくともその信憑性を否定することはできない。(『起源論』二―一―一五―162/163)

ヴォルテールはロックについてすでに書いていた。「たくさんの屁理屈屋が魂についての作り話を作った。ある賢者が現れて、控えめにこうした作り話を歴史にした」(『哲学書簡 *Lettres philosophiques*』一七三四年)。コンディヤックの『起源論』はロックの企てを一貫して模範としている。ただし、修正し補足すべき模範である。それはいまだ寓話にとどまり、より歴史的なものに、より信憑性のあるものにしなければならないのである。

ニュートンが自然科学の分野で完全に成功したことに、ロックは心理学の領域でただ手をつけたにとどまっているのだ。

彼らは『起源論』の二つの大きな拠り所である。ニュートンは物理的宇宙の学問において真理の秩序を理解した。ところで、これによってニュートンはコンディヤックに移し替えるべき例、つまり異なる分野での方法的・形式的成功の特別な模範を与えたにとどまらない。ニュートンは普遍的な内容に達したのである。つまり、本源的な性質（propriété）に基づいてものごとのあいだの連関を統御する単純でただ一つの原理という観念に達したのである。

ニュートンは何を発見したのか。コンディヤックは『推論する技術』においてこれを説明する際に、「比較」——自然の真理（vérité physique）を見出させるための技術的な比較——を提案している。天秤の竿を針の先端に乗せ、両端の物体を一つの中心のまわりで回転させれば「宇宙のイメージ」が得られるだろう。この器械（machine）、つまり天秤あるいは梃子《てこ》は、あらゆる他の器械——単純な器械（車、滑車、傾斜板、振り子）あるいは複雑な器械——の基本なのである。

自同性（identité）ははっきり感じられる。それら〔器械〕は異なる結果をより手軽に生み出すためにいろいろな形態をとる。しかし、根本においては、どれも同じ器械でしかない。ところで、私たちの宇宙も大きな天秤でしかない。（……）天秤の支点、梃子の支点、そして重心は実のところ同じことがらなのである。この比較から十分に理解していただけよう。これらすべての物質の塊〔天体〕がその運行において、支えを失ったノートを落下させるのと同じ力によっていかに統御されているか、を。（……）というのも、結局一つの器械しかないのなら、結局一つの性質しかないからである。（『推論する技術』t.I, p. 676）

こうした唯一の性質によって保証されて、言説は自同的命題によって、つまり明証（évidence）の内になされうるようになる。自同性は「明証のただ一つのしるし」（同所〔p. 677〕）なのであるから。[11]

したがって、自同性は、ある命題がそれ自体で明証であると認められるしるしである。そして、自同性は、ある命題がつまるところ同じことがらは同じことがらであるというような表現で表される時に認められるのである。（『推論する技術』t.I, p. 621.『論理学』t.II, p. 411 も参照のこと）[12]

それだけで「あらゆる種類の疑いを排除するのでなければならない」（『推論する技術』t.I, p. 636-637）明証の原理は究極の呼びかけである。[13] ここで（同語反復ではない）自同的命題に訴えることは、理性の明証の規則に従っているのであり、コンディヤックはこの明証を事実の明証や内的感覚（sentiment）の明証と区別している（同書 p. 620）[14]。

ニュートンの発見を心理学の次元に移し替えながら、コンディヤックはまた『起源論』を明証の、疑いえないものの、非デカルト的な基準[15]にも従わせている（「（……）私たちがぜひとも望むべきなのは、誰も疑うことができず他のあらゆる経験を説明するのに十分な一つの最初の経験を発見すること、ただこれだけなのである」（『起源論』序論））。三つのタイプの明証を組み合わせ、監視しながら、彼はまた普遍的な連関（観念相互の、観念と記号の、類比〔的関係〕における記号相互の）も研究する。彼は、あらゆる経験を一つの最初の性質――それ自体で知られ、次いでただ変化するだけの性質、つまり感受性――にまで連れ戻す。

知性しか論じていないとはいえ、『起源論』は後の『感覚論』の次の命題を含んでいる。「判断、反省、いろいろな欲望や情念などは、さまざまに変化する感覚自体でしかない」（t.I, p. 222〔『感覚論』「この著作の構想」〕）。『起源論』では次のように言われる。

知覚、つまり感官の活動（action）によって魂の内に引き起こされる印象は、知性の最初の働きである。この働きの観念は、どのような言説によっても得ることができないような観念である。私たちが何かの感覚によって作用を受ける時に感じられるものを反省してみることだけが、この観念をもたらすのである。（『起源論』一―二―一―1）

ニュートンの言説のこうした移しかえを可能にしているものは、類比の一般的原理である。たぶんこの原理は、そこから生じる隠喩の哲学全体とともに、あいまいな価値論（axiologie）[16]の原因となっている。類比はまた私たちを迷わせることもある。ただし、それは類比が弱い時、その類比において「連関の量」が十分大きくない時である。類比は言語と方法を形作る。類比が、言説中の一つの場所から他の場所への移行や、一つの学問的なモデルの他の領域への移しかえをともに可能にし、調和した（homogène）ものにする。類比はそれ自体が方法の統一性をなし、方法自体なのである。

コンディヤックは一部の哲学者たちの数学主義をしばしば批判したにもかかわらず、数学の対象と方法を、モデルとして――ただし学問の一般的領域にも個別の諸分野にも含まれる言語モデルとして――見なすことを了承している。学問的領域一般のこの根本的な均一性は、言説にかかわる類比（的関係）（analogie discursive）に単に由来するだけではなく、この類比が自然に基づき、自然の一つの帰結であるということにも由来している。推論にかかわる類比はただ自然の産出を拡張しているだけなのである。この主題が『起源論』から『計算の言語』へと続いていることを次のように確かめることができよう。

身ぶり言語における最初の表現は自然によって与えられる。この表現は私たちの身体組織の帰結なのだから。最初の表現がもたらされると、類比が他の表現を作り出し、この言語を拡張する。少しずつこの言語は、私たちが持っている観念をどんな種類であれすべて表示するのに適したものとなる。

あらゆるものを開始する自然は、身ぶり言語を開始したのと同様に分節音言語をも開始する。類比は言語を完成させるものだが、自然が開始したままを受け継ぐなら、いろいろな言語を適切に作り上げる。

類比は本来類似（ressemblance）の関係である。したがって、一つのことがらは多くの仕方で表現されうる。表現法はどれも他の多くの表現法に似ているからである。

ともあれ、さまざまな表現は同じことがらを異なった関係において表示するのである。そして、精神のいろいろな観点、つまり私たちがあることがらを考察する際に依って立つ諸関係が、私たちのなすべき〔表現の〕選択を決定するのである。（……）

いろいろな言語は恣意的に見えるほど不完全である。だが、よい作家たちにおいては言語はあまり恣意的に見えないことに気をつけてほしい。ある考えがよく表現されている時、すべては一つ一つの語の位置にいたるまで根拠を持っている。したがって、まさに天分に恵まれた人たちが言語のよいところすべてを作り出したのである。そして、天分に恵まれた人たちと言う時、私はこの人たちがその愛弟子にあたる自然のことを排除してはいない。

代数はよくできた言語であり、そうした唯一の言語である。そこでは何も恣意的には見えない。類比は決して見逃されずに、表現から表現へとはっきりした仕方で導いていく。ここでは、慣用はどんな権威も持たない。他の人のように語ることが問題なのではなく、最も大きな類比に基づいて語り、最も大きな正確さに達するのでなければならない。そして、この言語を作り出した人たちは、語法の単純さがこの言語のあらゆる優美さになっていると感じた。この真理は、通常の言語においてはほとんど知られていない。

代数は類比が作り出す言語なのだから、言語を作り出す類比はいろいろな〔発見の〕方法をも作り出すのだ。あるいはむしろ、発見（invention）の方法は類比自体でしかないのである。類比。ここに推論する技術や話す技術のすべてが帰着する。そして、どうしたら他の人たちの発見（découverte）について知識を得ることができるのか、どうしたら私たち自身で発見をすることができるのか、という問いの答えは、この類比という語の内にのみ見出されるのである。（……）

数学は適切に論じられた学問であり、その言語は代数である。だから、この学問において私たちがどのように類比に基づいて話すのかを見てみよう。そうすれば、他のいろいろな学問において私たちがどのように類比に基づいて話すべきかが分かるだろう。これが私が自らに課したことである。こうして、私が論じようとする数学は、この書において、より大きな対象に従属した対象なのである。数学の独占的な持ち前であると考えられている正確さを、どのようにすればあらゆる学問に与えることができるかを示すことが問題なのである。（『計算の言語』t.II, p. 419-20）

数学のこうした状況（モデルであることと対象であることを含む）は、類比の原則の限界を持たない一般性に由来している。類比のいろいろなタイプ（自然な感知できる類似、比例、など）は相互に類似している（同書 p. 450）[17]。『起源論』の最後が哲学上の数学主義や（そう信じられたように）数学一般さえも批判しているように見えるとしても、実際は、全然数学的ではないものの混乱した移しかえ——つまり幾何学、そして幾何学者の総合に対する好み——だけを批判の念頭に置いているのである。

分析の利点について他の哲学者たちよりもよく知っているはずの幾何学者たちでさえ、しばしば総合を好む。したがって、彼らが計算を終えて、ある異なった本性を持つものの探究に向かおうとする時には、もう彼らに〔計算の時と〕同じ明晰さ、正確さ、知性の広がりを認めることはできない。私たちは四人の高名な形而上学者、デカルト、マールブランシュ、ライプニッツ、ロックを知っている。最後のロックだけが幾何学者ではなかった。そして、彼は他の三人よりどれほど優れているることだろう。（『起源論』二—二—四—52）

これに対して、『計算の言語』の計画はとても明瞭に示されている（同書 p. 270 以下）[18]。二人のモデルの地位は異なっている。ニュートンは移し替えなければならない。ロックは補足し修正しなければならない。* 多くの点で。だが、それらの点はすべて、ロックが秩序づけ（ordre）を欠いたせいで記号を捉えそこなった、ということに帰着するようだ。ロックは〔観念の〕胚の発芽の原理

（「記号の使用は私たちの持つあらゆる観念の胚を発芽させる原理である」（『起源論』序論））を見分けることができなかったが、それは彼が胚を徹底的に分析することをしなかったからなのだ。

＊『起源論』で述べられた批判の他に、特に次を参照のこと。『感覚論摘要』（t.I, p. 324 sq.）、『思考する技術 *De l'art de penser*』（t.I, p. 738 sq. et p. 774）[19]。

秩序の欠如。歴史的な進歩、たとえばロックからコンディヤックへというような進歩があったとしたら、それは自然な秩序がゆがめられていたからである。もし自然な秩序が直接感知されていたならば、歴史の深みもなかったことだろう。とはいえ、自然な秩序へ回帰しなければ、それ以上はないのである。〔秩序の喪失と秩序への回帰という〕この二つの要因（motifs）を考慮に入れる必要があろう。

これらの要因はまず、ロックの発見とコンディヤックとの関係についてのコンディヤック自身による解釈を説明する。それらはさらに、自分自身との関係におけるコンディヤックの系譜（descendance）をも説明する。つまり、コンディヤック自身の思考の「進歩」――まず『起源論』の内部での、次いで『起源論』から後の諸著作、特に『感覚論』への関係においての――をも説明する。コンディヤックは自分の言説の歴史についての考察を繰り返している。そうした考察を副次的（marginal）なものと考えてはいない。それらは言説それ自体の一部をなすべきものなのである。言説は筋道をつけながら自らを語らなければならないのだ。自らのたどった段階――つまずいた段階ではないとしても――、従った規則、あるいは従うべきだった規則を説明しなければならないのである。

このような分析が中心的言説の一部をなしていることは、おそらくこうした分析の重要性と価値

(dignité) とを示しているのだろう。だが同時に、そうした分析にあまり頼りすぎないよう私たちに強いてもいる。こうした分析はコンディヤックがしようと考えていたこと、あるいはむしろ、なしえたと考えていたことを私たちに語っているのだから。〔分析された〕規則の全体は事後的に、一つの成功についての反省として、方法(そして方法の一般概念)を形作ることになる。この方法は後継者たちが学問を反復し、発見を繰り返す(multiplier)ことを可能にするはずである。こうした「方法論的」な作業は、言ってみれば「革命的」な作業である。これはデカルトの功績のめったにない認定となり、『起源論』中のその一節は、他の多くの箇所でもあることだが、『思考する技術』にそのまま再録されることになる(t.I, p. 768)。

私たちの大部分は自分自身を研究することに非力だが、哲学者たちが、自身が精神をどのように進歩させたかという歴史を私たちに残しておいてくれたなら、この非力さを補うことになっただろう。デカルトがこれをしてくれており、これも私たちが彼に負っている恩義の一つである。(……)こうした行いは、この哲学者が推し進めた革命に大いに貢献したと思われる。(20)

『起源論』の「真実」、まずその可能性、次いでその限界が、二度にわたり〔『起源論』の内部と後の諸著作において〕、少なくとも事後的に明らかになったのは、また、〔コンディヤックの〕システムが一つの歴史の中で開示され、説明されたのは、それまで秩序づけが欠けていたため、いろいろな観念の自然な秩序に背いていたためなのである。この回顧することによる明証は、まず『起源論』の内で、提示（exposition）の過程で生じる。

ところで、提示は著述（travail）の外部なのではない。構成の不手際や、教育的な文脈の秩序に見られる欠陥（défaillance）のせいでこの書の最後まで隠されてしまったように思われるもの、それこそまさに「観念連関の原理」の広がりなのである。この原理は秩序の原理それ自体、自然に合致した秩序の原理にほかならない。秩序づけが欠けていたことで隠されたように思われるもの、それはこれこれの個別の対象や、論旨展開（conséquence）におけるある特定の契機ではなく、論旨展開の原理なのである。したがって、この論旨展開の原理は自ずから「鏡像となり（s' « abyme »）」、また自ずから現れ出るのである。結局、コンディヤックは、『起源論』の構成で秩序に従っていたら、秩序の原理をよりはやく発見することができただろう、と説明していることになる。この言表は、反転することができるので、〔思考の進歩の〕歴史を自然の中に取り込むものである。[21] さて、提示の秩序についての『起源論』中の考察を参照してほしい（一—二—一一—107および二—二—四—47[22]）。そこでは特に、コンディヤックが、自分の発見が普及するのを長らく制限したり遅らせたりした、次のような欠陥の意味について口を閉ざしていることが見てとれよう。

推論の積み重ねで書かれる著作の場合、著者が秩序正しく推論をする限りでしか、言い忘れた論点や、まだ十分には深められていない論点は著者自身の目にとまらない。このことは私がしばしば経験したところである。たとえばこの論考は書き上げられたが、私はまだ観念連関の原理の全貌を認識してはいなかった。その理由はもっぱら、二頁ほどの部分があるべき位置になかったことから

来ていたのである。(『起源論』二—二—四—47)

この注記、「たとえばこの論考が書き上げられた」時になって著作に書き込まれたこの注記の地位はどのようなものなのか。(23)

コンディヤックは『起源論』に手を加えることはついになかった。

この二頁は何だったのか。* コンディヤックはなぜこのことについて語らないのか。これらの頁が読解を開かれたものにするために書かれたのであって、読解を閉じるために書かれたのではないとすれば、ここにとどまっているべきだろうか。

＊ 他の欠けた、あるいは破棄された頁についてここでふれておくべきだろう。『類義語辞典』の二つのノートである。これらが失われた状況は「偶然の紛失とは考えにくい」(t.I, p. 8. ルロワによる序論)。そこには記号の定義のほか、Sで始まる語——それらの語のつながりの中に他の多くの語が含まれる——の定義があったはずである。まず *science*(学問)、そして *signe*(記号)、*sens*(官能／意味)、*sensation*(感覚)、*sentiment*(感じ)、*sentir*(感じる)などである。また、『類義語辞典』は次のような語を定義しないことで溝(abime)をうがっているのだろうか、あるいはそれを埋めているのだろうか。つまり、*analogie*(類比)も、*synonyme*(類義語)も、*dictionnaire*(辞典)も、したがって原義と比喩的意味(「拡張によって」あるいは「比喩的に」理解された言葉)の間の意味の運動を記述する働きも、どれとして定義されてはいないのだ。この「比喩的に」という語も、「比喩的」という語と同様、『辞典』においては本来の意味でしか定義されていない。こうした事例は珍しく、意味深い。

4　傍注または着目——浮遊する二頁

「私は記号に多くを与えすぎた……」
「私は望んだ以上に語ってしまった……」

読解を秩序立てるために、つまり秩序の否定的側面を検討するために、〔秩序からの乖離と秩序への回帰という〕まわり道の問題を提起したことになる。

まわり道はどのようにして可能なのだろうか。

どのようにしてそこから戻ってくるのか。

それが生または死の問題、理性または錯乱の問題であるとしても、これからまわり道を考えることにしよう。

私の仮説では、『起源論』のいたるところにこのまわり道を確かめることができるだろう。ただこのまわり道を示すためだけに、次の反省が『起源論』のずっと後に書かれたのであり、これは『近代史』（一七七五年）における到達点の一部をなしている（t.II, p. 221）。

他のところで示したように、書くためのあらゆる技術は、観念間の最も大きな連関の原理にかかわっている。なぜなら、実際、思考する技術自体が別の原理を持っているわけではないからである。私たちがこの〔最大の〕連関をたどることができれば、私たちの精神はそれだけ広がる。それぞれのものをその適切な場所で見ることができる。多くの対象を同時に把握することができる。こうした対象をはっきりと感知して（apercevoir）、正確に提示することができる。人間精神の歴史について反省すればそれだけ、あなたはこの原理の普遍性に納得することだろう。ロックは、観念の誤った連関が錯乱をもたらすことに着目したが、そこでやめてしまった。だが、観念の真の連関が理性をもたらすと結論することは簡単だった。そして、この結論について少し反省すれば、この哲学者は、この〔観念の連関の〕原理が精神のあらゆる性質の唯一の根拠であることを見てとったことだろう。こうした道は、この原理の普遍性を発見するのに明らかに最も近い道だった。そして、あなたはたぶん、それが私がとった道だと思うことだろう。だがまったく違う。私は、ほとんど今しがたその道に気づいたばかりなのだ。そして、たどりついた今になって、自分が大きなまわり道をしたことがわかるのである。（t.II, p. 221）

やがて明らかになろうが、記号とは結局、『起源論』がまわり道一般に、まわり道としての経験自体――描き直しをする補いの作用（suppléance à retracer）の生成――に、与えたと思われる名なのである。さて、別の鏡像的な事例（instance abyssale）がある。コンディヤックによる『起源論』にかかわる回帰的な解釈は、観念の自然な秩序に関して『起源論』の内や外に現れるだけではない。

こうした解釈は記号の概念にさえ向けられる。

ここでもまた、個々の命題の内容にかかわる批判的見直しよりも、普遍的な秩序の回復、脈絡の再発見と根本的再構成が問題となる。実際、『起源論』を執筆している時のコンディヤックにとって、この書の主な貢献、最も独創的な前進は、記号の理論そして記号の類比の理論であった。ところで、何年か後の一七五二年に（『起源論』刊行は一七四六年）、コンディヤックはモーペルチュイの『言語の起源の哲学的反省』について著者に感謝し、自分が「間違え」たことを認めている。

とはいえ、コンディヤックの誤りを確定することは難しい。

実際、「記号に多くを付与しすぎる」とは何なのだろうか。

> 精神の進歩が言語にどのように依存しているかをあなたに示していただけたらよかったと思います。私はこのことを『人間知識起源論』で試みましたが、私は間違え、記号に多くを付与しすぎました。*
>
> （一七五二年六月二五日、t.II, p. 536〔『哲学著作集』「書簡集」〕）

＊　したがって、コンディヤックはここでメーヌ・ドゥ・ビランに先んじて「反省し」ていることになる。メーヌ・ドゥ・ビランの次のような留保をここで逐語的に予告しているのだ。「記号や方法が思考する技術に及ぼす影響について反省すればするほど、私はコンディヤックがこの影響を広げすぎたと思うようになる。」（メーヌ・ドゥ・ビラン『記号の影響についてのノート *Note sur l'influence des signes*』t.I, p. 308）しかし、「記号の過多」はどこでも同じ仕方で認めることができるわけではない。コンディヤックはすぐ次に続く部分には同意しなかったであろう。「彼〔コンディヤック〕は、形而上学《メタフィジーク》で推論する方法は算数や代数での計算の方法と違わないことを（『計算の言語』の p. 226-27 で）証明しようとしている。」

ここから「コンディヤックの思想が変化した」（ルロワによる注、同所）と結論する前に、この修正を慎重に分析しなければならない。修正は脈絡にかかわる秩序よりも、テーマの強調の程度と、〔観念の連鎖の〕一つの環に与えられた重要性にかかわっている。だが、この環は位置を変えられたわけではない。強調——強調の力、量あるいは質——は哲学的言説において副次的な価値（valeur）であるわけではないし、ここでその価値を小さく見積もろうというのでもない。おそらく逆に、こうした価値の地位を理論化し公式化すべきであろう。だがそれでも、強調の変化、評価の差は秩序の変更ではないのだ。

記号の強調は実際大々的だった。この強調は第二篇（「言語と方法について」）を待たない。第一篇（「私たちの知識の素材について、特に魂の働きについて」）から、序論の次のような記号学的な計画は広く手をつけられる。

> にもかかわらず、それ［この題材、つまり言葉］は私の著作の重要な部分となるべきだと私は考えた。なぜなら、それはなお新しい仕方、より広範な仕方で検討される余地があるし、また、記号の使用は私たちの持つあらゆる観念の胚を発芽させる原理であると思われるからである。（『起源論』序論）

観念連関（第一篇第二部）第三章）が、またものごとに対する私たちの関係のただ一つの原理として欲求（*besoin*）[1]が問題になるとすぐ、コンディヤックは「もっぱらさまざまな記号の類比関係（analogie）から力を得ている種々の鎖」〔§21〕を〔観念の間に〕想定することになる。力、類比、意味作用（signification）[2]は、つねに欲求の理論に従って整理されることになろう。あまり急いでこの〔欲求の〕理論を欲望（désir）の理論と対比しないようにしよう。

ところで、この第一篇においてはさらに、言語がはっきりと論じられるずっと前に、偶然的記号（signes accidentals）、自然的記号（signes naturels）、制度的記号（signes d'institution）という三種類の記号のあいだのよく知られた区別——この場合はきわめて暫定的なものだが——が提起される。[3] この著作の同じ第一篇のもっと先ではこう語られる。

〔観念に制度的記号を付与するという〕この働きは、まだ使ったことがない記号を精神に提示する想像、およびこうした記号を観念と結合する注意、この両者から生じてくる。この働きは真理の探究において最も本質的な働きの一つであるが、それにもかかわらずほとんど知られてこなかった。魂がさまざまな働きをするにあたって、記号がどのように用いられるか、それがどれほど必要なものであるかということは、今しがた示した。私は以下に、さまざまな種類の観念との関連で記号を考察しながら、同じことを証明してみたい。この真理は、どれほど多様な局面の下で示してもしすぎるということはないからである。（『起源論』一—四—一導入部）

したがって、『起源論』は一貫して記号論（sémiotique）なのである。

〔言語と方法を扱う〕第二篇は新しい領域を開くわけではない。第一篇の内容を展開するのだ。あるいは、第二篇はそれ自体の内に向いているといえるかもしれない。言語を扱うことで第二篇が叙述するのは、ただある種の記号、恣意的な記号、私たちの自由を最も高くまで運んでいく記号、私たちが最も「主人（maître）」として用いることができる記号である（この主人という語を導きの糸としてたどってほしい）。

しかし、記号論がコンディヤックの言説の舞台の全体、あるいはむしろ前舞台を占めているとしても、彼は、記号が経験一般のはじめのものであるとは決して主張しないだろう。いろいろな記号の連鎖は知覚の上位に立つのである。

〔いろいろな欲求についての知覚である基礎的諸観念の〕それぞれの上位には、諸観念の別の連なりが立つことだろう。それらの連なりは種々の鎖を形成するだろうが、それらの鎖の力はもっぱら、さまざまな記号の類比関係から、さまざまな知覚の秩序から、状況が時として最もかけ離れた諸観念さえ結びつけることで形成される連関から得られることだろう[4]。

記号の連鎖は単に上部構造をなしているだけではなく、その原理において形式にかかわっている（formelle）。それは素材を組織し、〔観念の〕種子（semence）を発芽させ、配置する。その働きはいつも素材と活用との対比によって考えられる。「記号の使用は私たちの持つあらゆる観念の胚を発芽させる原理である。」〔『起源論』序論〕

わずかな頁しか割かず、結局はほんのわずかなことしか認定しないとはいえ、それでもコンディヤックは魂の基本的な素材と働きを叙述することから始めるだろう。最初の三章がそれである。現前する対象がたまたま知覚から外れたり、知覚が自ずとなくなったりする時に、想像の機能とともに、記号の空間が開かれることになる（『起源論』一―二―二―17[5]）。（だが、二次的、非本来的（non originaire）であると想定されたこの時（moment）は一つの時なのだろうか。時のこうしたカテゴリーをもたらす時間とは、知覚をなくするもの自体なのではなかろうか。）それゆえ、経験の秩序、魂のさまざまな働きの秩序において、記号は決して最初には（措定されてい）ない。『感覚論』は主張のバランスを取り戻させることになろうが、『起源論』を修正することはなく、ものごとを再整理してはいない。『感覚論』は最初の知識、実践的知識の方へとより遡って（観念の）生成を「描き直し」ているのである。こうした知識は記号あるいは言語活動を必要としない。『起源論』は知性を論じるもので、意志――対立的なもう一つの母胎――を論じるものではなかったが、理論的知識と判明な観念（idées distinctes）にかかわっている。これらは記号あるいは言語活動を必要としている。身ぶり言語があらゆる言語に先行しそれを基礎づける（これは決して疑問視されることがない『起源論』の主張である）のと同様に、実践的認識は理論的認識に先行する。こうして、論理的順序（ordre logique）においては、時間の順序とは異なって、『感覚論』は『人間知識起源論』に先行している。

だが、以前にしたように、理論の知識と実践的知識とを区別しなければならない。ところで、私たちが言語を必要とするのは前者についてである。なぜなら、理論の知識は判明な観念の連なりに存するからであり、よって、こうした観念を秩序立てて分類し、規定するために記号が必要だったからである。逆に、実践的知識は混雑した観念(idées confuses)[7]からなり、こうした観念は私たちの行為を統御しているが、私たちはこうした観念がどのように私たちを行動させるのか気づく〔着目する〕ことはできないのである。*(『感覚論』t.I, p. 298)[8]

＊　この意識の哲学、この知覚の現象学において、着目(*remarque*)という価値は頻繁に、多少なりともはっきりと、弁別的役割を果たしている。ここでは「着目する」能力が理論的認識と実践的認識を区別しているように見える。実践的認識は「混雑した諸観念」を生じさせる。こうした観念を再＝表示すること(re-marque)が明晰さと理論的な価値(dignité)とをもたらすのだろうか。他方、『感覚論』より以前、『起源論』〔一七四六年〕――この書はライプニッツ批判で始まる[9]――は〔ライプニッツ的な〕あいまい(obscure)で混雑した諸観念の実在を認めてはいない。

だから言っておきたい。私の言葉づかいでは、明晰で判明な観念を持つということは、端的に言って、観念を持つことであり、あいまいで混雑した観念を持つということは、観念を持たないことなのである。(『起源論』一―一―二―13後段)

だから、魂が知ることのない知覚は存在しない。こうして、知覚と意識は一つの同じ働きであり、その二つの名なのである。(『起源論』一―二―一―13)

矛盾がある、あるいは主張に変遷がみられるとさえ、結論すべきではない。『起源論』は知性と理論的認識を分析しているのであり、着目された観念、したがって明晰で判明な観念だけを対象としているのだから。理論的秩序においては他の観念は存在しないのである。[10]

ライプニッツとの関係の、複雑だがつねに開かれた道筋をたどろうとするなら、着目という概念(notion)から一つの可能な解釈を立てることができよう。少なくとも無意識の問題についてはそうである。コンディヤックが持ちえたライプニッツについての知識は一般にきわめて不十分だったが、彼らが互いに最も似通っている特定の領域（普遍的記号法（caractéristique universelle）と計算の言語など）では、ライプニッツについての知識はまったくなかった。クラメール[11]へのある手紙において、あいまいな観念をめぐる自らのライプニッツ解釈に戻って、コンディヤックは自らの立論のあらゆる批判的な力を、着目の独自の可能性に基づけている。

知ることは意識に属していますが、着目することは注意に属しています。読書する人の内で起こることについて私が挙げる例は私には納得がいくものに思われます。（『クラメール宛未刊行書簡集』*Lettres inédites à G. Cramer*, éd. Le Roy, p. 82）

なお、ライプニッツ批判については、とくに『体系論』〔一七四九年〕を参照しなければならない。「読書する人」（この例を選んだことは取るに足らぬことではありえない）における着目の働きは『起源論』の初めの方〔次の引用箇所〕で早くも分析されているが、着目という語はそこではまだ使われていない。しかし、概念（concept）はそこでとても明瞭に働いており、次のように規定されている。つまり、着目されてはいないとしても着目されうる意識を意識する意識として、あるいは、意識下の意識の意識的現実化として、規定されている。着目が着目されるのは無意識一般に対抗してのことなのである。

読書を終えて自分自身を反省してみると、この読書によって生じた諸観念しか意識しなかったように、知ることがなかったように思われることだろう。意図せずに瞼を閉じるたびに暗闇の知覚を意識したとは思われないのと同様、〔読書の際に目にしていたはずの〕一つ一つの文字の知覚を意識したようには思われないだろう。しかし、文字の知覚を意識しなければ、単語の知覚を、ひいては観念の知覚を意識することは決してできなかっただろうと反省してみれば、この見せかけに欺かれることはないだろう。（『起源論』一―二―一―9）

意識、無意識、着目といったコンディヤックのほぼすべての概念について、隔たり（écart）は構造的対立の隔たりではなく、程度の差の隔たりである。ある性質から他の性質へと微細で、段階的で、無限に微分的な移行があるのであり、したがってそれはまた、ある性質からなおその性質自体であるものへの移行でもあるのだ。差異へのこの注目はつねに経験論を危険にさらしている。——また隠れた力（force occulte）をも危険にさらしている。認識はけっして欠けているのではない、単にいくらか軽微であるだけなのだ。

ところで、知覚の意識ということで、知覚の思い出を固定する反省された認識を意味するのであれば、私たちの知覚の大部分は意識に含まれないことになるのは確かである。しかし、知覚の意識ということで、〔思い出として〕痕跡を後に残すには軽微すぎるとしても、知覚が感じられる時に私たちの行動に影響を与えることができ、また実際に影響を与えているような認識を意味するのであれば、疑いなく私たちは、私たちが知らないでいるように思っている多くの知覚をも意識していることになる。いくつかの例が私の考えを明らかにしてくれよう。（『思考する技術』t.I, p. 723）

こう告げられた三つの例のどれもが「自然な」知覚に向かうのではなく、もう一度読書へ、そして演劇の場面と絵画作品へと向かうという事実[12]はよく考えてみるべきだろう。

『類義語辞典 *Dictionnaire des synonymes*』
着目（*remarque*）、女性名詞、符号（*note*）参照。
着目する（*remarquer*）、動詞、いわば再び表示する（*marquer*）こと。つまり、他の人には見逃されるか、見逃される可能性があると思われるが、覚えておくと役に立つと思われるものを特別な注意をともなって見ること。観察する（*observer*）参照。

こうして着目から観察——この哲学の究極の拠り所・価値——へと私たちは差し向けられる。また、記号学＝認識形而上学的（sémio-gnoséologique）単位としての符号へと差し向けられることになる。

符号（*note*）女性名詞。*noscere notum* すなわち知ルより。それによってあるものごとを見分けたり、指示したりするしるし（marque）。だが、この名は特に文字表記を短縮するのに適したある種の文字に与えられる。よく知られている音楽の符号〔音符〕のほかに、化学、天文学、代数などのためのものがある。比喩的に、〔不本意なことがらのことを〕恥辱の符号と言ったりする。

符号、しるし、記号、合図（*signal*）、注（*nota*）、目印（*enseigne*）。記号は一般的な用語であり、あるものごとを示すのに適したあらゆるものについて言われる。しるしはものごとに本来そなわった記号である。つまり、それによってものごとが見分けられる可感的性質である。符号は恣意的な記号である……

記号は分類し、明らかにする。それなのにそうした記号は力を持たないだろうか。力、つまりいろいろな記号の類比の量もやはりある。そして、実践的な力と理論的な力[13]のあいだの関係を問うてみなければならないだろう。私たちの行為を統御している混雑した観念、言語以前・記号以前の判断、そしてもの言わぬ分析（analyse muette）といったものがどのように「私たちを行動させる」のかに、結局この理論的な力が着目することになるのだ。というのも、観念、判断、分析はあらゆる意味作用より前にあるからである。意味作用ということで意味すべきなのは、活動（activité）、活動化（activation）自体、分節化する連鎖へ組み込むことによる活動化、連結関係（concaténation）としての意味作用、区別としての連結関係である。こうした意味作用より前に、感覚が分析し、判断し、認識する。だが、それは混雑としたあいまいな仕方でであり、つまり本能の自然の光によってなのである。

とはいえ、理性は本能である。理性と本能のあいだには程度の差[14]しかないのだから、二つの概念はここでもまた対立してはいない。それでも、理性は本能ではない。程度の差（したがって類比）はあらゆる述部のであ、る、(est)を生み出しもするが、壊しもする。存在論的な個々の言表(énoncé)[15]を同時に支えもし、取り去りもするのである。そして、すでにあらゆる形而上学的な規定(détermination)ないしは限定(délimitation)がある。たとえば、いわゆる感覚論(sensualisme)があり、本源的原理(principe originel)のあらゆるかたちの援用がある。よって、次のような論証的構築物を同時に組み立てもし、また崩壊させもするものを分析することができよう。

感覚の能力は魂のあらゆる能力の最初のものであり、他の能力のただ一つの起源でさえある。そして、感覚をもつ存在はただ変化するだけなのである。この存在は獣としては、本、能、と呼ばれる知性(intelligence)の程度を有している。人間としては、理、性、と呼ばれる優れた程度を有している。

(『動物論』t.I, p. 379)

よって、〔コンディヤックが仮定した、人間と同等の能力をそなえた〕立像[16]は方法を有している。『起源論』では何もこの方法を排除してはいなかった。方法自体への反省において、正確で明瞭な分析において、哲学において、そして計算の言語において、方法がどれほど進歩を遂げようとも、方法は感覚のもの言わぬ素材を、立像の実践的な方法や暗黙の分析を、展開させるだけなのである。

観念を得るための彼〔立像〕の方法は、彼が対象に認める諸性質を順に一つ一つ観察してゆくことである。彼は自然に分析するが、どんな言語も持っているわけではない。ところで、記号なしで行われる分析はきわめて限定された知識しかもたらしえない。こうした知識は必然的に数も少ない。こうした知識を整理することは不可能だったので、それらの集まりはきわめて漠然としているに違いない。したがって、立像が得る諸観念を論じる時、私は、立像が自分で正確に理解（se rendre un compte exact）できる知識を持っている、と主張したりはしない。立像は実践的な知識を持つだけである。彼のあらゆる光明はまさに本能であり、つまり、自分で理解（se rendre compte）できない諸観念に基づいて行動する習慣である。この習慣はひとたび身につけば確実に立像を導き、立像はその習慣を身につけるもとになった〔実践的な〕判断を思い出す必要はない。要するに、立像はいろいろな観念を得た。しかし、ひとたび観念から行動することを学んでしまえば、立像はもはやそうした観念を考えることはなく、習慣によって行動する。他方、理論の知識を得るためには、どうしても言語を持つ必要がある。なぜなら、諸観念を分類し、規定しなければならないからであり、このことは方法立てて使われる記号を前提とするからである。私の文法の第一部、または私の論理学を見ていただきたい。（t.I, p. 268〔『感覚論』二―八―35、最終段落[17]〕）

se rendre compte〔自分に勘定する、自分で理解する〕、se rendre un compte exacte〔自分に正確な勘定をする、自分で正確に理解する〕、こうした比喩的表現は頻繁に現れて、学説の全体と同様に、私たちをそのようにせよとせき立てる。最も自然な分節化（articulation）から、計算の言語の最も重要な形式にいたるまで、記号は、その計算的な本質に基づいて、rendre compte〔勘定をする〕、rendre la *ratio* à elle-même〔比率を回復させる〕といったことを役割としている。ところで、この計算は着目する、この計算の力は自らよりも古い力を、行為、情念、欲求に関して反復するのである。理論的なものは、実践的なものに着目して、それを補うこと（remarque suppleante du pratique）でしかないのである。

ゆえに、コンディヤックは、『起源論』を含む彼の学説の記号＝言語学的（sémio-linguisticiste）解釈に対して、また同時に、歴史を言説の歴史として、さらには論証的な言表（énoncés discursifs）の自律的な歴史として読むことに対して、あらかじめ反対しているのである。実践的欲求の前＝記号的な層にまで遡りつつ、コンディヤックはあらゆる学問的な言語、あらゆる理論的な言説を創設しようと、あるいは復元しようと望んでいるのである。というのも、こうした言語、言説は記号と価値とから作られるのだから。とりわけ、それらが記号や価値を論じる時にそうなのだから（心理学、言語学、記号学、修辞学、思想史、科学史、など）。どの場合にも、『交易と政府――相関的考察』（一七七六年）(18)の巻頭の〔以下の引用のような〕言葉を移し替えることができる。原理に遡って新しい学問の言語を生み出すこと、これが（自然の、そして人為の）諸欲求についての統一理論（système）における「ものごとの価値の基礎」をなしている。

それぞれの学問は固有の言語を求める。それぞれ固有の諸観念を有しているからである。こうした言語を作ることから始めるべきだと思われる。だが、話すこと、書くことから始めてしまい、言語はまだ作られないままなのである。これが経済学が置かれている状態である。経済学が目指すところは本書自体が目指すところでもある。私たちはとりわけこの状態を補おうとしているのである。〔t.II, p. 242〕

言語の欠陥（défauts）を補わない限り、ある学問の言説と称せられるもの、たとえば一七七六年の経済についての言説は「解読できない暗号（chiffre）*」のままであるほかないのである。

＊〔『交易と政府』の〕初版以降に加えられた注。t.II, p. 242.

ある言語の欠陥を補うことは、着目の理論的で方法的な作用である。こうした作用が起こるところではどこでも――つまり、どこにおいても、現在が適当な時機に現れ、消え去る時[19]――、この作用は、事実の上での先行性（antériorité）、つまり事実（最初は、つまり自然においては行為、実践である）の先行性に着目する。その際、この先行性とは、自己から欠け落ちるものは自己自身に先行している、ということなのである。（自己に対する）類比関係によって、この先行性とこの欠落（manque）が結びついているのである。補うこと、それは、欠落の元に着目し「描き直し」た後に、必要なものを付け加えることである。だが、必要なもの――欠け落ちているもの――はまた〔付け加えられることで〕余剰（surplus）、価値の過剰（surabondance）、たわいない無価値としても姿を現す。こうしたものは、たとえ（記号として、価値として）あらゆる交流〔交易〕（commerce）を可能にしているのだとしても、取り除かなければならないだろう。ここから、いくつかの帰結が生じる。

1．学ぶことはいつも、着目をともなう補い（suppléance remarquante）によって、すでに実践的に知られていたことを認めることである。言語活動はここで〔実践的に知られていることの〕一つの例であり、かつ、この学ぶ過程の媒質である。不具合（mal）（過度の欠落）はいつも、実践的に性急な言語活動――まず、そして今でも、身ぶりの言語活動であり[20]、自己に先んじて、（自己を）（話し方を）知る前に語り出してしまう言語活動――に由来している。

一度ならずこう観察することができよう。つまり、よい原論を著す難しさは、悪しく作られてしまったのに、以前から話されているからと私たちがあくまで話し続けようとする言語活動から部分的には起因しているのである。

つまり、計算することによって、私たちは計算することを学ぶだろう。話すことによって話すことを学んだように。いちいち文法書を見た後でしか話そうとしないならば、自分の言語を知るのに時間がかかろうし、あるいは決して知ることができないかもしれない。自然が私たちに教えるのはこのようにしてではない。自然は、私たちに教えたいことを、私たちにさせてみるのである。（……）こうした〔言語〕記号を私が彼らに知らせるべきなのではない。彼らが自分たちが知っていることの内にこうした記号を見てとるべきなのであり、私は彼らに、皆さんはこうした記号を発見するでしょう、と答えよう。（『計算の言語』t.II, p. 423-25）

こうして、将来のあらゆる学問ないし言語理論は、いつもあの事実、あの観察可能なものに諮るべきである、とされている。つまり、言語活動があり、話すべくしてそれを話している、という事実である。どんな規則、どんな規則違反もこの事実の事実性（factualité）を越えることはない。

2．補いの作用によって必然的に生み出された価値の過剰やたわいない無価値から考えて、経済学と記号＝言語学は、一方が他方に従属するのでもなく、並立するのでもない。欲求と過剰、有用（utile）と無用（inutile）の一般理論の内で経済学と記号＝言語学を突き合わせてみれば、より複雑な図が描かれる。まず、それぞれが他方の周りをまわる相互的な構成の図である。よって、読者は先に、[21] 経済学を作り上げるためには〔その中心となる〕経済の言語を作りなおす必要性があるということについての提言を読んだわけである。〔逆に、〕この〔言語についての〕提言は『交易と政府』という〔経済学の〕論考を開始するものであった。交易〔交流〕（*commerce*）という語はまたコンディヤックによって、社会的・言語学的交換の意味で規則立って用いられている。『類義語辞典』における commerce/trafic の対比も参照のこと[22]。今度は以下に、『体系論』の最後の提言を見ることにしよう。

新しい学問を学ぶ時、その学問が適切に提示されていれば、その始めの部分はこの上なく簡単に違いない。なぜなら、あなたは既知のものから未知のものへと導かれるからである。したがって、あなたは自分の知識自体の内に、指摘されている基本的事柄を発見させられるのである。まるであなたはそうした事柄を学ぶ前から知っていたようなのだ。（……）だが、気をつけてほしい。あなたは一つの〔新しい〕言語を学ばなければならない。そして、その言語は、それを構成する言葉がすでに目にふれているものであるだけにそれと分からないのである。それを話してみる必要がある。

（……）しかし、困難は残り、それは大きい。困難は次のことから由来する。つまり、いろいろな学問を学ぶ前に、あなたはすでにそうした学問の言語を話してしまっており、しかもへたに話しているのだ。というのも、あなたにとって目新しいいくつかの言葉を除いて、いろいろな学問の言語はあなたの言語なのだから。ところで、認めてもらえようが、あなたは自分の言語を話しながら、しばしば自分の言っていることを自分でも分かっていない。あるいは、せいぜい大まかにしか分かっていない。とはいえ、あなたにはそれで十分だし、他の人にも十分なのだ。他の人も同じ貨幣（monnaie）であなたに支払うのだから。思うに、私たちの会話を続けさせるために、私たちは暗黙のうちに、会話では言葉が観念の代わりをすると取り決めたのだ。ゲームではチップがお金の代わりをするのと似ている。そして、チップの価値を確かめずにうかつに賭をする人に対しては叫び声が上がるのに、言葉の価値を学ばずに話をしても咎められずにいられるのである。いろいろな学問を簡単に学びたいと思うなら、あなたの言語を学ぶことから始めてほしい。（『体系論』t.I, p. 217）

欠落を補うものによって生み出された過剰という結果が、交易〔交流〕——経済的、言語学的な——を、また〔欲得ずくの〕取引（trafic）[23]を、おしゃべりのたわいなさ（frivolité）を引き起こす。この結果は、二つの分野で同じものを生み出す。つまり、商品、貨幣（argent）、チップ、あるいは、観念、充実した記号、むなしい記号である。

さて、欲求だけに基づいてはいても、このエコノミーは、それが無用な補い（supplément）、あるいは過剰を生み出す限りでしか機能できないか、あるいは少なくとも交易を行うことができないのである。

知られているように、マルクスはまずここに使用価値と交換価値の混同を告発した。

商品の流通が剰余価値（plus-value）の源であることを証明しようとなされた試みは、ほとんどいつも、その著者たちが使用価値と交換価値を取り違え、混同していることを暴露している。コンディヤックがその例である。この著述家はこう述べている。「交換において同じ価値には同じ価値が与えられるというのは誤りである。それどころか、契約当事者のどちらもつねにより大きな価値により少ない価値を与えるのである。……実際、もしいつも同じ価値に同じ価値を交換していたら、契約当事者のどちらも利益を上げることができないだろう。ところが、契約当事者の双方とも利益を上げている。または、上げなければならないでいる。なぜか。ものは私たちの欲求に相関した価値しか持たないため、一方にとってはより価値のあるものが、他方にとってはより価値が低いからであり、逆もまたありうるからである。……私たちが売りに出すとみなされるものは、私たちが消費する必要があるものではなく、私たちに余分なもの（surabondant）なのである。……私たちは、無用なものを引き渡して、必要なものを手に入れようとするのである。……」「交換されるものが、互いの価値として、同量の貨幣と等しいと評価される時はいつも、交換において同じ価値に同じ価値を与えている、と判断されたのは当然のことだった。……だがなお、ある考慮を計算に入れなければならない。それは、私たちが双方とも、余分なものを必要なもののために交換しているのかどうか知ることである。」コンディヤックは使用価値と交換価値を互いに混同しているだけでなく、さらに、商品生産に基づく社会では、生産者は自分自身の生活手段を生産するはずであり、個人的欲求を超えるもの、つまり余剰（superflu）しか流通させないはずだと、子供っぽい素朴さで想定している。にもかかわらず、現代の経済学者たちが、交換の発展した形、つまり交易が剰余価値の源であると証明しようと試みた時に、コンディヤックの論法がしばしば繰り返されたことが分かるのである。（『資本論第一巻』第二篇第五章。資本の一般定式の矛盾。フランス語訳〔マルクスによる校閲版〕。éd. sociales, p. 162-63）〔『フランス語版資本論』上巻、法政大学出版局、一四四―五頁〕[24]

記号の領分はしかるべき位置に、しかるべく保たれているので、コンディヤックは「記号の必要性」についての彼の理論の内容を問いなおすべきだったとはほとんど考えていない。この理論を彼は『思考する技術』で思い出している（一七七五年以降の注において）。

本書の大部分が引かれている私の『人間知識起源論』[25]が印刷されて以降、私は『文法』と『論理学』のなかで記号の必要性を完全に論証した。（t.I, p. 731）

したがって、『起源論』は一つの機械――壊れることはなく、ただし変形することができ、今後は断絶のない一つの運動に組み入れられる機械――を据えつけたということだろうか。こうした問いには前提事項が多すぎる。ここでは答えを急ぐよりも、この問いを部分ごとに検討すべきであろう。

『起源論』から『感覚論』にかけて、断絶に最も似ているのは、感受性の構造の「観念論的（idéaliste)」な概念（conception）の放棄である。

ここでidéalisteという語は、読んでみることができなかった哲学者たちに私たちが着させるだぶだぶの既製服といったものではない。

まず、ディドゥロを引用しよう。


観念論者（*idéaliste*）と呼ばれる哲学者たちは、自分たちの実在と、自分自身の内で相次いで起こる感覚にしか気をとめず、その他のものを認めません。とっぴなこの学説は盲人からしか生まれることはなかったと思います。人間精神そして哲学にとって恥ずかしいことですが、この学説は、あらゆる学説の中で最も愚かしいものであるにもかかわらず、最も対抗しにくいものなのです。この学説は、クロインの司教であるバークリー博士の三つの対話[26]の中で率直かつ明快に述べられています。私たちの知識についての『論考』〔『人間知識起源論』〕の著者にこの〔バークリーの〕著作を検討してもらうのがよいかもしれません。彼ならこの著作を、有用で心地よく鋭い観察――要するに彼が得意とするような観察――の素材とすることでしょう。実は、観念論はコンディヤックの内に暴き出されて当然なのです。そして、こうした〔観念論の〕仮説はコンディヤックの感情を害するでしょうが、その理由は、その仮説が奇抜であることよりも、彼の原則の内でそれに反論することが難しいことにあるのです。なぜなら、彼の原則はバークリーのそれとまさに同じだからです。二人によれば、そして理性からしても同じですが、本質、物質、実体、基礎（suppôt）などの用語は、それら自体では私たちの精神にほとんど光明をもたらしません。一方、『人間知識起源論』の著者が的確に指摘していることですが、天まで昇ろうとも、深淵まで下降しようとも、私たちは決して私たち自身から逃れ出ることはできないのです。そして、私たちが知覚する（apercevoir）ものは私たち自身の想念（pensée）でしかありません。ところで、ここにバークリーの〔三つの対話の内の〕第一の対話の結末が、そして彼の学説全体の基礎があるのです。互いの武器がこれほどよく似ている二人の敵同士が争っているところを見てみたいとは思いませんか。もし勝利が二人のうちの一方の手に帰するとしたら、それは似通った武器をより巧みに使う方にほかならないでしょう。ところで、『人間知識起源論』の著者は、最近『体系論』において、自らの武器を扱う技量を新たに証明し、体系主義者（systématiques）にとって彼がいかに手ごわいかを示したのです。[27]

盲人たちから随分遠ざかってしまったものね、とおっしゃることでしょう。でも、奥様、こうした余談をすべて大目にみていただきたいのです……。*（『目の見える人のための盲人についての手紙 *Lettre sur les aveugles à l'usage de ceux qui voient*』〔一七四八年刊〕éd. Vernière, in *Oeuvres Philosophiques*, Éd. Garnier, p. 114-115）〔『ディドロ著作集』第一巻、法政大学出版局、一九七六年、七一―二頁〕。

＊　編者によって付けられた注、さらにやや先の、生まれつきの盲人の問題とコンディヤックによるその解釈にかかわる長いくだり（p. 129, sq）〔邦訳、八二頁以下〕を参照のこと[28]。コンディヤックはディドゥロの『手紙』をどのような気持ちで読んだのだろうか。クラメールに宛てられた〔一七四九年八月二一日付の〕手紙[29]から判断することができよう。

プロシアの眼科医〔ヒルマー Hilmer、白内障の手術に成功したことで有名〕はパリにあまり芳しくない評判を残しました。彼はリヨンには、驚くべきことをやってのけるのに必要な時間しかとどまりませんでした。

私は彼がジュネーヴに行くと聞いています。ジュネーヴでなら他でよりもよく評価してもらえると思います。もしあなたのもとに生まれつきの盲人がおられるなら、彼を推薦します。ディドゥロの『目の見える人のための盲人についての手紙』と題する著作をご存じですか。この著作については何も言わないでおきます。私はそこで身に余る称賛を得ていますので。(『クラメール宛未刊行書簡集』éd. G. Le Roy, p. 54)

『感覚論』は、批判を考慮し、生まれつきの盲人の手術を解釈しなおし、客体化(objectivation)の運動における触覚の優位性を強調してはいるが[30]、著者が時として考えているらしいほどに『起源論』と異なっているわけではない。実際、書簡の一部をなし、『クラメール宛書簡集』に添付されている『覚書 *Mémoire*』[31]は、コンディヤック自身による『起源論』の解釈を、一つならずの点において、とりわけコンディヤックとライプニッツとの関係に関して、明らかにしている。生まれつきの盲人の問題とそこから帰結するすべてのことについては、著者は「間違い」を分かち合おうとしている。

ロック、バークリー、そして私は三人とも間違いました。その理由は、間違いに気づかせてくれた女性に聞いて下さい。視覚だけで、ただ二次元だけの面の観念でも生じさせることができるとは[32]、彼女は、あなたにもバークリーにも認めないでしょう。私は彼女が正しいと思います。(『クラメール宛未刊行書簡集』p. 107–108. また、『感覚論』t.I, p. 221 も参照のこと)

〔『感覚論』でコンディヤックがしたことだが、〕触覚が「それだけで外部のものを判断する唯一の官能」であり、かつ「他の官能に外部のものを判断することを教える」[33]唯一の官能でもあることを強調することは、第一に、理論的認識の実践的土台に戻ることである。この土台は『起源論』においても認められた。[34] 次いで、観念の表象的性格（caractère représentatif）を説明しようと試みる——成功する、とは言わないでおこう——ことである。この計画は『起源論』によってすでに定められていた。ただ、『起源論』は、認識の理論的表層にとどまったので、この計画を実行する必要はなかった。とはいえ、『起源論』は、観念としての——つまり私たちの外部のものへの関係としての——感覚の持つ表象的性格をはっきりと仮定していた。

……感覚が生得的であるとはどんな哲学者も主張しなかった。そんなことをしたら、あまりにはっきりと経験に反することになっただろう。しかし、哲学者たちは、感覚は観念ではないと主張した。あたかも感覚はそれだけでは魂の他の何かの想念のようには表象的ではないかのように主張した。（……）

それゆえ、私たちの感覚に三つのものを区別しなければならない。一、私たちが感じる知覚、二、その知覚と、私たちの外部の何かとのあいだに私たちがつける関係〔表象性〕、三、私たちが外部のものに関係づけるもの〔知覚内容〕が実際にそれらのものに属しているという判断、この三つである。（『起源論』一—一—二—9、11）

誤りやあいまいさは判断についてしか生じえない。したがって、表象性それ自体は私たちの内にあることになる。表象性は私たちの内にその明瞭さと確実さの条件を見つけているのである。したがって、『感覚論』がやがてするように、こうした表象性を触覚に基づけるだけでは、*観念論との非難を厳密に免れるためには十分ではあるまい。この問題はあまり興味を引かない。[35]『感覚論』は『起源論』の観念論を修正していると言うことができた。『感覚論』は『起源論』の観念論を追認しているとも、あるいはまた、『起源論』はいささかも観念論を主張したりしなかったとも言うことができる。どうしてこのような言表のあらゆる組み合わせがいつも可能なのだろう。いつも正当化できるのだろう。そのプログラムはどうなっているのか。そこから新しい組み合わせが生じうるのだろうか。そして、この新しい組み合わせの問題はコンディヤックのテクストによってあらかじめ記されて（prescrire）いるのだろうか。

＊　たとえば、観念自体をその表象的構造において定義する際、コンディヤックは、観念の客体性（objectivité）は（計算の言語と同じく）[36]目よりも指を利用する（commander à）と明確にしている。また、感覚は触覚（tact）によってのみ観念になるとも明確にしている。

観念という語が表現しているのは、あえて言えば、まだ誰もうまく説明していないことがらである。だからそれら〔諸観念〕の起源について議論されるのである。

ある感覚は、それが感じ（sentiment）としか見なされないかぎり、まだ観念ではない。感じは魂を変化させるだけである。（……）聴覚の、味覚の、視覚の、嗅覚の現にある感覚は、これらの官能がまだ触覚（toucher）から教えられていない時には、単に感じでしかない。なぜなら、この場合、魂はこれらの感覚を魂自体の変様としてしか見なせないからである。（……）固さについての現在あるいは過去の感覚だけが、それ自体、同時に感じであり、観念でもある。この感覚は、それが変化させる魂との関係において感じである。この感覚は、外部の何かとの関係において観念である。

やがてこの〔固さの〕感覚によって、私たちは、魂が触覚を通じて受け取るあらゆる変様を私たちの外部のものと判断しないわけにはいかなくなる。それゆえ、触覚（tact）のそれぞれの感覚は、手が捕らえるものを表象しているのである。（『感覚論摘要』t.I, p. 333-34）

ある問題をあらかじめ記すとは何か。問題に手をつけることか。問題をその答えに対して同一平面で閉ざしてしまうことか。問題を途中で放棄することか。問題提起を目的論から守ることはできるのだろうか。テクストに関して目的論とは何なのか。

要するに目的論である。読者はすでに気づいたであろうが、この〔『起源論』への私の〕いわゆる序論では、結局のところ、『起源論』について、つまり私たちが『起源論』の固有で内部の（ventral）内容と見なそうとするものについて、何も言わないようにしている。序論は入り込むべきではない。テクストの中に立ち入るべきではない。特にテクストを読解でいっぱいにしてはならない。導入することは、誘惑することである。もちろんテクストを誘惑するのであって、読者をではない。テクストをそれ自体から引き離すのである。ただし、再びテクストを捉えるのにちょうど必要なだけ。テクストの内容――この内容はいつも簡単に開かれうる――のすぐそばで、つまり、中心の空疎さ、唖然とする皮相さ、厳密な「鏡像（abyme）」のすぐそばでとらえるのにちょうど必要なだけ。こうして、線、格子、縁、肋材《ろくざい》、構造（architecture）、切り取られたもの（après-coupure）が、あたりにせわしなく立ちまわることになる。『起源論』は、他のテクストの蜘蛛の巣の中にあり、「署名された」コンディヤックの全テクストの蜘蛛の巣の中にある。署名することのあらゆる可能な結果との関係の内に、自

人文書院
刊行案内

2025.10

渋紙色

食権力の現代史
――ナチス「飢餓計画」とその水脈

藤原辰史著

なぜ、権力は飢えさせるのか？

史上最大の殺人計画「飢餓計画（ハンガープラン）」――ソ連の住民3000万人の餓死を目標としたこのナチスの計画は、どこから来てどこへ向かったのか。飢餓を終えられない現代社会の根源を探る画期的歴史論考。

購入はこちら

四六判並製322頁　定価2970円

リプロダクティブ・ジャスティス
――交差性から読み解く性と生殖・再生産の歴史

ロレッタ・ロス／リッキー・ソリンジャー著
申琪榮／高橋麻美 監訳

不正義が交差する現代社会にあらがう

生殖と家族形成を取り巻く構造的抑圧から生まれたこの社会運動は、いかにして不平等を可視化し是正することができるのか。待望の解説書。

購入はこちら

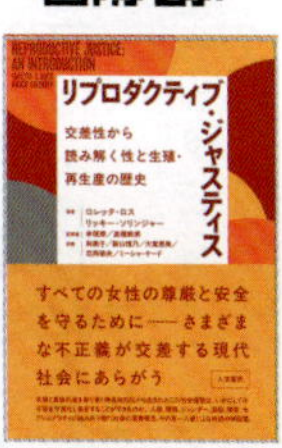

四六判並製324頁　定価3960円

人文書院ホームページで直接ご注文が可能です。スマートフォンで各QRコードを読み込んでください。注文方法は右記QRコードでご確認ください。決済可能方法：クレジットカード／PayPay／楽天ペイ／代金引換

〒612-8447 京都市伏見区竹田西内畑町9　TEL 075-603-1344
http://www.jimbunshoin.co.jp/　【X】@jimbunshoin（価格は10％税込

新刊

映画研究ユーザーズガイド
——21世紀の「映画」とは何か

北野圭介著

映画研究の最前線

視覚文化のドラスティックなうねりのなか、世界で、日本で、めまぐるしく進展する研究の最新成果をとらえ、使えるツールとしての提示を試みる。

購入はこちら

四六判並製230頁　定価2640円

カントと二一世紀の平和論

日本カント協会 編

平和論としてのカント哲学

カント生誕から三百年、二一世紀の世界を見据え、カントの永遠平和論を論じつつ平和を考える。カント哲学全体を平和論として読み解く可能性をも切り拓く意欲的論文集。

購入はこちら

四六判上製276頁　定価4180円

戦争映画の誕生
——帝国日本の映像文化史

大月功雄著

映画はいかにして戦争のリアルに迫るのか

柴田常吉、村田実、岩崎昶、板垣鷹穂、亀井文夫、円谷英二、今村太平など映画監督と批評家を中心に、文学や写真とも異なる映画という新技術をもって、彼らがいかにして戦争を表現しようとしたのか、詳細な資料調査をもとに丹念に描き出した力作。

購入はこちら

A5判上製280頁　定価7150円

新　刊

マルクス哲学入門
――動乱の時代の批判的社会哲学

ミヒャエル・クヴァンテ著
桐原隆弘／後藤弘志／硲智樹訳

重鎮による本格的入門書

マルクスの思想を「善き生」への一貫した哲学的倫理構想として読む。複雑なマルクス主義論争をくぐり抜け、社会への批判性と革命性を保持しつつマルクスの著作の深部に到達する画期的読解。

購入はこちら

四六判並製２４０頁　定価３０８０円

顔を失った兵士たち
――第一次世界大戦中のある形成外科医の闘い

リンジー・フィッツハリス著
西川美樹訳　北村陽子解説

戦闘で顔が壊れた兵士たち

手足を失った兵士は英雄となったが、顔を失った兵士は、醜い外見に寛容でなかった社会にとって怪物となった。塹壕の殺戮からの長くつらい回復過程と形成外科の創生期に奮闘した医師の実話。

購入はこちら

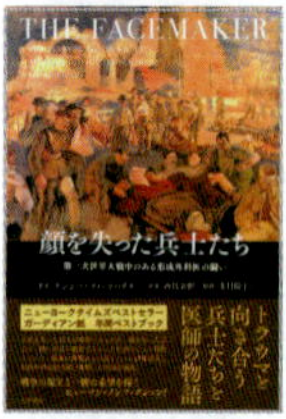

四六判並製３２４頁　定価４１８０円

お土産の文化人類学
――地域性と真正性をめぐって

鈴木美香子著

身近な謎に丹念な調査で挑む

「東京ばな奈」は、なぜ東京土産の定番になれたのか？　そして、なぜ菓子土産は日本中にあふれかえるようになったのか？　調査点数１０７３点、身近な謎に丹念な調査で挑む画期的研究。

購入はこちら

四六判並製２００頁　定価２６４０円

らの「固有の」蜘蛛の巣の中に、所有すること〔propriété〕のあらゆる可能な結果との関係の内にある。形式主義の読解ではない〔禁止事項を細かく点検することを防ぐために言っておこう〕。そうではなく、いろいろな対立〔形式と内容の対立も含む〕からなる大きな仕組みの分析なのであり、この分析の中で、一つのテクストは自らのプログラムをずらす〔déplacer〕ことになる。つまり、そのテクストがプログラム化しているもの、そのテクストをプログラム化しているもの、そしてあちこちからプログラムを損ない〔*entamer*〕、テクストをそれ自体の始まりから制限し、テクストの目的論をあらかじめ解体し、テクストの〔意味の〕円環を未決定にするもの、こうしたものにこの分析はかかわるのである。

したがって、目的論といっても、『起源論』をその切り取られた肋材の一つに最後に一度だけつるすためなのである。

〔『起源論』という〕著作は見かけは大体同じ長さの二つの部分に分かれている。つまり、第一篇「私たちの認識の素材について、次いで特に魂の働きについて」と第二篇「言語と方法について」である。コンディヤックは自身の序論でこうした分割について説明している。[37] それについてここでふれる必要はない。すぐ先の部分を見れば十分である。

まず第一に、二つの部分が釣り合っていて、並べて提起された二つの目標に対応していると考えることができる。

コンディヤックはそう考えるよう勧めていないだろうか。

〔魂の働きの追跡と記号の探究という〕この二重の目標を達成するために、私はことがらをできる限り始原に遡ってとらえた。一方で、私は知覚にまで遡った。というのも、知覚こそ魂の内で気づくことができる最初の働きだからである。そして、この知覚がどのような仕方と順序で、私たちが行うようになるすべての魂の働きを生み出すのかを示した。他方では、私は身ぶり言語から始めた。私たちの想念（pensées）を表現するのに適したあらゆる技術、すなわち、しぐさの技術、ダンス、話し言葉、朗唱、記譜法、パントマイムの技術、音楽、詩、雄弁、書き言葉、そしていろいろな言語のさまざまな文字といったものを、この身ぶり言語がどのように生み出したかを見てもらえよう。こうした言語活動の歴史は、いろいろな記号が考案される際の状況を明らかにしてくれることだろう。いろいろな記号の真の意味を知らせ、記号の誤用を避けることを教えてくれるだろうし、思うに、私たちの持ついろいろいろな観念の起源についてどんな疑いも残さないだろう。

最後に、魂の働きの進歩と言語活動の進歩とを解明した後で、私は、どんな仕方で誤謬を避けることができるかを示そうとしている。また、発見をするために、あるいは発見したことについて他人に教えるために従うべき順序を提示しようとしている。以上が、この論考の全体的な構想である。

（『起源論』序論）

しかし――第二に――釣り合いは失われて、一方へと傾いているのではないか。言語に関する部分は、著作の一方の部分として、認識の素材に関する第一篇と隣り合っているのではない。言語に関する部分は、第一篇において明確にされた全体の部分なのである。したがって、第一篇はすでにそれだけ、で、全体である、。全体とは、つまり知覚と三種類の記号[38]の体系である。第二篇は、三種類のうちのただ一つにすぎない制度的記号の体系の生成と機能を分析しているのである。

しかし――第三に――この種類の記号は他のものと同列なのではない。始め（起源における現前の喪失）から、あらゆる推移はできる限り大きな制御の方へ、つまり、私たちが完全に思いのままにできる恣意的な記号の制定の方へと磁化されている。知覚から想像への移行や一つの記号からもう一つの記号への移行を保証する反復の進展を跡づけてみてほしい。この進展は自由の方へ、自己愛（auto-affection）の自発性の方へと向かっている。その結果、唯一の真の記号、完成された記号、そこから自然的ないし偶然的なあらゆる意味作用が目的論的に由来する記号[39]、そのような記号は制度的記号であることになる。『起源論』はこの目的論的な過程を叙述している。コンディヤックはそのことを事後にしか打ち明けない[40]。見た目は確かに修正、訂正（repentir）である。しかし、ここでも目的論に従った事後修正（après-coup téléologique）が問題なのであり[41]、結局は、明示するための順序が明らかにされるのである。「魂の働きの進歩と言語の進歩とを解明し」、しかる後に「従うべき順序を提示」するという、方法の概念（concept）とその実践に系統的に依拠しているのである。

〔真の〕記号には恣意的なものしかない。意味作用は制定の過程である。能動的な本質、記号のエネルギー、それが自由である。

以上が、コンディヤックによって読み直された『起源論』の意味である。コンディヤックは、何年か後に、ガブリエル・クラメール宛の手紙[42]の中で、これについて打ち明けることになる。

恣意的記号の自然的記号に対する特権について、そして、自然的記号が魂の働きを必然的なままにしておくのに対して、なぜ恣意的記号は魂の働きを自由なものとするのかについて、説明をするようにとあなたはお望みです。これは、記号の絶対的な必要性についての私の説の最も微妙な点です。困難はその最大限の力を保っており、私がこの困難を予想していなかっただけにいっそうしっかり根を張っています。このため、私はこの問題全体についていささか混乱しています。私は望んだ以上に語ってしまったとさえ感じます。

ちょっとのあいだ、恣意的記号を使用する以前には魂の働きは自由ではないと認めて下さい。こうした記号を介して魂の働きがどのようにして自由になるかを証明することが問題となるでしょう。共同して生活を始める際の人々を考察しましょう。彼らが置かれた状況がきっかけとなって、彼らは互いのあいだで恣意的記号を打ち立てます。記号をさらに増やすきっかけをとらえるにつれて、記号は彼らの交流をより自由に、より広いものにします。

そして、交流（人為社会）、記号の恣意性、自由、現前する対象の制御、つまり対象の不在を操る可能性、といったものを結びつけている鎖を明るみに出した後でコンディヤックは言う。(43)

逆に、この交流より前には、彼らは現前する対象にしか関心を持ちませんでした。なぜなら、もう感じられないであろう欲求のことを考えるどんなきっかけを彼らは持っていたでしょうか。（……）ですから、交流によって人は、彼にいっそう強く影響を与える現前する対象だけに関心を持った状態から引き離されるのです。（……）したがって、さらにこの交流によって魂は、魂に影響を与えることができる対象への従属状態から脱し始め、自由を享受することになるのです。私は第一篇で、* つまるところこうしたことを語ったのです。今ここでは、交流から由来するものはその根拠を恣意的記号の使用に置いていることに注意しましょう。なぜなら、恣意的記号を介さないとしたら、交流はどのように始まったのでしょう。どのように広がり、維持されたのでしょう。だが自然的記号は何でもないのか、とあなたは尋ねられることでしょう。交流より前の自然的記号は本来の意味では記号ではない、と私は答えましょう。

＊『起源論』一―四―二―25参照。(44)

したがって、記号の本来の意味（*propre*）は恣意性の体系ということである。そして、コンディヤックはいつもこのことを語っていた。彼が間違っていたと認める時、含意されているのは、彼の間違いが見かけ上のことにすぎないことなのである。つまり明瞭さの不足、「混乱した」説明、さらには過多過少、といったものの結果にすぎないことなのである。彼は、記号はそのものとして、記号に結びついたあらゆる価値体系と同様に、いつもすでに（*toujours déjà*）恣意性へと定められているといつもすでに語っていたのである。

再解釈の目的論はいたるところにある。

交流より前の自然的記号は本来の意味では記号ではない、と私は答えましょう。こうした記号は、苦痛や喜びなどの感情（sentiments）にともなう叫び、そうした際に人が本能的に、ただ諸器官の構造に従って発する叫びにすぎません。こうした叫びに観念を結びつけ、叫びを記号として用いる機会を得るためには、人は一緒に生活する必要があります。その時こうした叫びは恣意的記号と見分けがつかないのです。こうしたことを私は多くの場所で想定しました。特に〔『起源論』の〕第一篇二〇三頁、第二篇六―七頁です*。しかし、私は逆のことを想定しているように、それによって自然的記号と恣意的記号のあいだに必要以上の差異を認めているように見えることでしょう。この点で私は間違っています。

したがって、この問題についての私の説全体は以上述べたことに帰着します。この交流は、1. 自然の叫びを記号に変える機会と、2. 恣意的と呼ばれる他の記号を発明する機会とをもたらします。そして、こうした記号（自然的のものも恣意的なものも）は魂の働きの発展と進歩の第一の基礎なのです。こうしたすべてについて私の著作は十分に明瞭ではないと認めます。この次にはもっとうまくやるつもりです。（『クラメール宛未刊行書簡集』p. 83-86）

* 『起源論』一―四―二―23／24、二―一―一―2／3[45]

恣意的記号の可能性はこのように、ただしその目的地点（fin）から、進歩の全体を指揮している。したがって、分節言語――恣意的記号の体系――はもはや一般的な記号論の内部の数ある分野の一つなのではない。それは範例なのだ。それは数ある例の一つに似ている。それは三種類の記号のうちのただ一つを構成するように見える。しかし実は、それは最良の例として、記号の〔発展〕過程の目的を指向する（finalisée）全体を方向づけ、組織しているのである。「言語活動は私たちが自発的に形成する〔観念〕連関の最も分かりやすい例である。」（『起源論』一―二―九―77）コンディヤックは『起源論』第一篇においてこう明確にし、このことは第二篇で論じるつもりだと述べる。したがって、第二篇の目的はもはや個別の目的ではなくなろう。この第二篇の目的は先行するあらゆるものをあらかじめ包み込み、自らの方へ引き寄せている。それは釣り合い（symétrie）を自らを利するように決定的に失わせるのである。第一篇は、第二篇で規定される全体の部分となろう。それゆえ、第二篇はなおもそれだけで全体でありつづけるのである。

5 『人間知識起源論』への序論——たわいなさそれ自体

「したがって、超過、差、残りはまったく同じものを意味する言葉である。だが、これらの言葉を使う場合に精神のまなざしは同じではない。」

『起源論』の内部的な読解（lecture intérieure）にとっては、こうしたすべて、つまり範例についての考察、〔記号論を扱う第二巻という〕部分への全体の包摂といったことは、その合目的性という形象に応じて最終的には同じこと（*le même*）へ帰着する。あるいは、自同的命題の強力な円環〔循環〕へと帰着する。少なくとも、意味の円環における自同性が問題となるのだ。というのも、全体と部分の違いは、あるいは〔それについての〕論述（exposition）のテクストの表層は、そこ〔同じこと〕に還元されて（réduire）しまうわけではないのだから。そして、何よりも、このような〔全体と部分の〕違い〔の認識〕は「理性の明証」であり、さらに言えば自同的命題の例でもあるのだから。[1]『推論する技術』で次のように語られる。

もしある全体はその一部分よりも大きいと言うなら、それもまた自同的命題である。なぜならそれは、ある全体はそれより小さいものより大きい、と言うことだからである。したがって、自同性は、ある命題がそれ自体で明証であると認められるしるしである。そして、自同性は、ある命題がつまるところ同じことは同じことであるというような表現で表される時に認められるのである。

(t.I, p. 621)

意味上の自同性の円環は、全体と部分との論述上の差異をとおしてどのように生成あるいは再生されるのだろう。記号と観念の差異、シニフィアンとシニフィエの差異を通してどのように生成ないし再生されるのだろう。こうした円環はどのように表示されるのだろう。『人間知識起源論』はどのように自らのテクストを自らの〔自同性の円環という〕テーゼの中に当てはめるのだろう。

読者はこの円環のあらゆる周回をたどってみようという気になるかもしれない。たどることができるのは、ルソーがただそこに速やかに踏み込もうとして暴き出している円環だけではないのだ。*

* 〔ルソーの〕第二論文〔『人間不平等起源論』〕、[2]そこでルソーがコンディヤックに向けている反論、そして現在よく知られているこの問題全体をここで参照のこと。

導入——このような円環へ——する代わりに、〔私たちの〕読解はただ省略とたわいなさによって、余分なものを加える（en rajouter）ことができるだけである。

だが、たわいなさはどんな条件で可能となるのか。

この問いの形式は、〔たわいなさという〕その対象が単に見せかけであること（simulacre）それ自体によって崩れ去ってしまう。

たわいなさはチップ〔賭札〕だけで満足することにある。それは記号とともに生まれる。あるいはむしろシニフィアン——もはや何も意味しないので、もはやシニフィアンではないシニフィアン——とともに生まれる。つまり、虚ろな、空の、こわれやすい、無用なシニフィアンとともに。こう言っているのはコンディヤック自身である。『類義語辞典』で、彼は「たわいない（frivole）」から「無用な（inutile）」へと読者を差し向けている（「たわいない、形容詞男性形および女性形、無用なを参照」）。そして、「無用な」の項には次のようにある。

> 形容詞男性形および女性形。むなしい、たわいない、無価値な。『無用な』は何の役にも立たない事物について言われる。見かけは有用であっても、実は無用であれば、むなしいと呼ばれる。有用性が取るに足らないもの、価値のないものにしかかかわらなければ、たわいない。無価値なは、たわいないをさらに強めており、何にもかかわらない理屈についてとくに言われる。〔t.III, p. 345〕

記号は自由使用可能性（disponibilité）である。ものが知覚されず不在であること（つまり時間）をもとに、記号が、私たちが観念に対して持つ支配力を保証し、コンディヤックが言うように〔観念を〕「私たちの意のまま」にさせるとしても、(3) 記号はまたすぐに、今度は、もろく虚ろに、はかなく無価値になって、観念を失い、観念から離れて道に迷ってしまう。単にもの、意味から、単に指示対象から、離れてしまうばかりではない。その時から、記号は何のためにもならないままであり続ける。何も指示することなく交換される過剰、チップのようなもの、欠如（défaut）の過度の強調であり続ける。それは商品でも貨幣でもない。このたわいなさは記号に突然生じるのではない。たわいなさは記号に本来的な始まり（entame）なのである、始原（アルケー）、開始、号令、始動、秩序づけなのである――少なくとも、記号のたわいなさ、自由使用可能性が、それ自体から逸脱しながら、いつかそれ自体で存在し、現れることがありうるのであれば。その逸脱の構造のせいで、起源であること、あるいは起源を持つことが許されないので、たわいなさはあらゆる考古学《アルケオロジー》に挑戦し、言ってみれば考古学にたわいなさを強いるのである。

欲求の哲学――コンディヤックのそれ――はそのすべての言説を、有用なものと無価値なものとのあいだでの決断に向けて編成している。

記号の哲学――コンディヤックのそれ――はつねにこの決断を脅かすことになるが、また〔自らの〕脅威を減じるために力を尽くし、手を尽くしてもいる。逸脱あるいは分裂を消し去るために「過剰な記号」をつねに付け加えている。『起源論』で批判されたあらゆる否定的なもの（悪い形而上学《メタフィジーク》、悪い修辞学、悪い言語活動一般）はたわいないものの部類に入る。つまり、空疎な（creux）あるいは必然性がない記号の羅列である。必然性がないというのは、自同的命題によって導き出されないからである。空疎というのは、自同的命題の見かけの下でも、同義反復が純粋に言葉上のもので、内容がなく、まったく無駄に費やされ、何の観念も持たず、つまり何の対象も表象しないから、「対象もなく、目的もなく、何も言わない」(4)からである。

同じこと（le même）、類比、分析、自同的命題といったものの価値を絶えず援用して、コンディヤックは自分の言説をたわいなさから守らなければならなかった。それは、どこまでも自分に似ている自分の分身から自分の言説を守るようなものであった。似たもの、結束させるもの、類似したものは肯定的なものだったが、これは否定的なものも生み出した。つまり、類似したものに類似したもの、無用でむなしい見せかけの言説、おしゃべり、くだらない話（faribole）であった。これ以来、コンディヤックの方法は、記号を際限なく積み重ねること、記号論を意味の表象で満たすことになり、その際、修辞学全体を隠喩学（métaphorique）の内に含ませながら、シニフィアンを結びつけながら行うことになるのである。

コンディヤックは隠喩を最も一般的な概念であって、すべての比喩（trope）の共通の名であると考えている。隠喩は諸言語の起源を示している――これは『起源論』の今日よく知られた一つの主張であり、その含意するところは多岐にわたっている。私はここではこの主張に光を当てないままにしておく。なぜなら第一に、この主張は、ある観点からすると、一つの根本的な類比推理（analogisme）から派生しているからである。また第二に、ほかの箇所[5]でより体系的、より厳密に検討したいと思うからである。

次に、ライプニッツ*とカントのあいだのこの時代――先験的《アプリオリ》な総合の問題に（術語を持たないまま）記号に基づいて取り組んでいた時代――に、どのようにたわいなくならずにいられるか見てみよう。また、なぜ類義語が必ずしも余計なシニフィアンを作り出すわけではないのか――もちろん精神のまなざしにとって――見てみよう。

〔大小二つの数を比較、演算して得られる〕超過、差、余りはまったく同じことがらを意味する言葉である。だが、これらの言葉を使う場合に精神のまなざしは同じではない。（……）思い出していただきたいが、私たちはただ既知のことがらから未知のことがらへしか移ることはできない。ところで、どのようにして私たちはこの一方から他方へと移ることができるのだろう。未知のことがらは既知のことがらの内にあるからである。そして、未知のことがらがそこにあるのは、ただ未知のことがらが〔既知のことがらと〕同じことがらだからなのである。したがって、私たちが知っていることがらから知らないことがらへ移ることができるのは、ただ、私たちが知らないことがらは知っていることがらと同じことがらだからである。この章を読んで何も学ばなかったあなたも、私が言っているすべてのことがらはあなたが知っていたことがらと同じことがらだとちゃんと確信している。したがって、ある子供が未知のことがらを知ることになる時も、その子が学ぶであろうことがらはその子が知っていたことがらと同じことがらであろう。ところで、私たちが知らないすべてのことがらは私たちが知っていることがらと同じことがらだから、もし知らないことがらへ到達したいと思うなら、私たちは知っていることがらをいくら観察してもしすぎることがないのは明白である。（……）こうした理由で、私は人がこれまで始めなかったところから始めるのである。また、言っても無駄だ（inutile）と皆が判断していることがらを長々と述べるのである。そのため私は細かすぎると感じられるだろうと思うが、読者には他の多くの人に対するのと同じ寛大さを私に対して持っていただきたい。（……）そうすると計算の言語においては自同的命題、したがってたわいない命題しか作られないことになる、とたぶん反論されるだろう。この〔計算の〕言語でも他のすべての言語でも、命題が正しい時はいつも自同的命題だけが作られることは認めよう。なぜなら、私たちが知らないことがらは知っていることがらと同じことがらであると証明したので、私たちが知っていることがらから知らないことがらへと移る時、私たちは自同的命題しか作ることができないのは明らかだからである。[6] とはいえ、命題は、自同的だからといってたわいないわけではない。

六は六であるは自同的であると同時にたわいない命題である。だが、気をつけてほしいが、自同性は同時に〔複数の〕名辞のあいだと〔複数の〕観念のあいだにある。ところで、たわいないものを生じるのは観念における自同性ではなく、名辞における自同性なのである。実際、この六は六であるという命題を作ることは決して必要とされない（強調筆者、J・D）[7]。それはどこにも導かないだろう。そして、気づいたかもしれないが、たわいなさは対象もなしに、目的もなしに、言うべきこともなしに、話すために話すことにあるのである。

三足す三は六になるという他の命題については事情が違う。これは足し算の和である。したがって、それを求めることは必要となりえる。この和はたわいなくはない。自同性はもっぱら観念の内にあるのだから。

二つの自同性——一方は言葉の内にあり、他方は観念の内にある——を区別しなかったので、あらゆる自同的命題はたわいないと考えられたのである。言葉におけるあらゆる自同的命題は、実際、たわいないからである。そして、自同性がただ観念の内にある時には命題はたわいなくはなりえない、とは考えなかったのである。この自同性に気づこうとさえしなかったのである。というのも、どうして例えば二足す二は四になる（*deux et deux font quatre*）と言うのか。どうしてなる（*font*）なのか。二足す二は二足す二以外の何か他のものだと考えられているからであろう。思うに、二足す二が四と同じもの（la même chose）だと〔自同性があることを〕正しく感じていたのなら、二足す二は四である（*deux et deux* sont *quatre*）、と言ったはずである。（……）人がこの〔観念のあいだの〕自同性に着目しないといっても、それに気がつかない（ne pas apercevoir）といいたいのではない。誰が気づかないでいられよう。だが、この自同性に着目したとすれば、人は次のように結論せざるをえないだろう。計算をする時には自同的命題しか作らないし、作ることができないのだと。ところが、人は本能によるかのようにこの結論を拒む。それは、あらゆる自同的命題はたわいない命題であるという予断を抱いているからである。そして、たわいない状態を嫌悪しているからである。

（『計算の言語』t.II, p. 431-32）

ならばなおさら——思い出していただけようが(8)——計算をする人にはよい形而上学《メタフィジーク》を教えなければならない。その人が嫌悪を、本能のような予断——その理由は依然として本能の内にあるのだが——を克服するために。なおかつたわいない状態にはならないために。また、その人が絶えず同じこと（le même）を語り、少なくとも絶えず同じことに着目するために。それでもなお「対象もなしに、目的もなしに、何も言わずに、話すために話し」たりはしないために。

＊（一一三頁）コンディヤックは読んだことのない〔ライプニッツの〕(9)本の余白に、それと知らずに書きつけていることになるのだろうか。彼の言説はライプニッツの言表の、たわいない反復、あるいは同定なのだろうか。

ライプニッツの言表自体が、自同的命題とたわいない命題を見分けようと、次いで、そうすることで、形而上学をその内部からむしばむたわいなさから守ろうと努めているのだが。それなら、この点で『計算の言語』は、コンディヤックはそれと知らずにライプニッツを剽窃したのだろうか。それなら、この点で『計算の言語』は、ライプニッツの『人間知性新論 *Nouveaux Essais sur l'entendement humain*』の、切り離されて対比された部分、断片、写し、紙片として現れよう。このそれ自体架空の対話編の断片として現れよう。この架空の対話編ではライプニッツとロック(コンディヤックのイギリスの父)が対話するのだが、ロックが没したために、「彼の著作への注釈〔つまりこの対話編〕を刊行する望み」をライプニッツは果たせずに終わったのである。『新論』はその章の一つをたわいない命題について と名づけている。この章(第八章)は言葉についての巻〔第三巻〕ではなく、認識についての巻〔第四巻〕に見出される。

たわいない命題について[10]

フィラレート 理知的な人々は、今し方お話しした仕方〔使う必要がない場合にもあえて使うという仕方〕では〔「ある事物が同時に有りかつ有らぬことは不可能である」というような〕自同的な公理を使わないよう注意していると思います。2 ですから、純粋に自同的なこうした公準は、スコラの人々でさえもがそう呼んでいるように、たわいないあるいは無価値ナ(*nugatoriae*)命題でしかないようです[11]。もし自同的なもの(identiques)を介しての換位の論証(*démonstration de la conversion*)という、あなたの驚くべき例[12]が、何かを軽んじようと思っている時には今後慎重であるように私にさせるのでなかったら、「ようです」などと〔婉曲に〕言うくらいでは満足しなかったでしょう。ともあれ、それらがまったくたわいないと断言するために人が何を持ち出すかをあなたにお知らせしておきましょう。つまり、3 それらが何の知識の増加も含んでいないことが一見して分かるということです。それらはせいぜい、ある人が背理に陥っていることを時としてその人に分からせるだけなのです。

テオフィル それは何の役にも立たないとお思いですか。ある命題を背理に還元することは、その命題の矛盾命題を論証することだとはお認めになりませんか。確かに、同じものを同時に否定しかつ肯定してはならないと〔つまり、背理に陥ってはならないと〕ある人に言っても、その人の知識を増すことにはならないと思いますが、その人は考えずにそうしてしまっているのだと、推論の力を借りて示せば、彼の知識を増すことになります。私の思うには、こうした間接帰謬法的論証（*démonstrations apagogiques*）つまり背理に還元する論証をあくまでなしですませ、すべてを人の言う明示的論証（*démonstrations ostensives*）で証明するのは困難です。幾何学者たちはこういうことにとても興味を持っており、十分にこのことを経験しています。プロクロスはこのことを時々指摘していますが、それはユークリッド以後の古代のある幾何学者たちが、ユークリッドの論証よりももっと直接的な（そう思われる）論証を見出したのを目にしてのことです。でも、この古代の注釈家が沈黙しているならば、それは人が必ずしもそう〔直接的な論証を見出すことを〕しなかったことを十分示しています。

3　**フィラレート**　難なく無数の命題——またほとんど有用でない無数の命題——を形成できることは少なくとも認めていただけますね。例えば、牡蠣は牡蠣であると指摘することや、それを否定すること——牡蠣は牡蠣でないと言うこと——は誤りであると指摘することは、たわいないことではないでしょうか。このことについて例の著者〔ロック〕は冗談めかして次のように言っています。すなわち、この牡蠣をある時は主語に、またある時は属性ないし述語（predicatum）にする人は、牡蠣を一方の手から他方の手へ投げて遊んでいる猿と同じようなものだろう、そしてこれら命題が人間の知性を満足させうるのとちょうど同じだけ、この遊びは猿の飢えを満足させうるだろう〔実はどちらも満足させないだろう〕、と。

テオフィル　才気に富み判断力も備えたその著者が、命題をそんなふうに使う人々に反対して語っていることはまったくもっともだと私は思います。でも、命題を有益なものにするためには自同的命題をどう用いるべきか、あなたは十分お分かりです。確立したい他の真理が自同的命題に還元されるということを、推論と定義との力を借りて示すことによってなのです。

4　**フィラレート**　そのことは認めます。でも、たわいないように思え、実際多くの場合たわいないものである諸命題にはそのことはなおさら適用しやすいと思います。そうした命題では、「鉛は金属である」と言う時のように、〔鉛という〕複合観念を構成する一部分〔金属であること〕がこの複合観念の対象〔鉛〕について肯定されるのです。これらの名辞の意味を知っていて、鉛はとても重くて可溶的で展性を持っている物体を意味すると知っている人の精神においては、金属と言うことで、いくつもの単純観念を一つ一つ数え上げる代わりに一挙に指定できるという用途があるだけです。5「すべての金は可溶的である」のように、定義された名辞について定義の一部分が肯定される時も同じです。金は黄色く重く可溶的で展性を持つ物体であると定義されているとしてのことですが。〔(6)〕同様に、三角形は三つの辺を持つとか、人間は動物であるとか、（フランス古語の）儀仗馬はいななく動物であるとか言うことは、言葉を定義するのに役立つのであり、定義以外に何事かを学び知るのには役立ちません。そうではなくて、人間は神の概念（notion）を持つとか、阿片は人間を眠らせるとか言うことで、私たちは何事かを学び知るのです。

テオフィル　まったく自同的であるものについて私が述べたことの他に、こうした半分自同的な命題[13]もまた特定の効用を持っていることが見出されるでしょう。例えば、「賢い人間はつねに人間である」ということは、彼が不可謬ではないこと、彼が可死的であること等々を知らせています。誰かが危険に直面していてピストルの弾丸が必要であり、自分の持っている型に流し込む鉛がないとしましょう。友人が彼に「あなたが財布の中に持っている銀貨が溶けるものだということを思い出してごらんなさい」と言うとすると、この友人は彼に銀の性質を教えるのではなく、この差し迫った必要に際してピストルの弾丸を手に入れるために銀がなしうる用途に思いをいたらせるわけです。道徳的真理や著述家たちの最も美しい文章の相当な部分はこういったたぐいのものです。それらは大抵の場合何も教えはしないのですが、知られていることに折よく思いいたらせるわけです。ラテン悲劇のあの六脚詩句「cuivis potest accidere, quod cuiquam potest,〔アル人ニ起コリウル事ハスベテノ人々ニ起コリ能フ〕」は、優美さは減ってしまいますが、次のように表現できるでしょう。つまり、一人の人に起こりうることはどの一人の人にも起こりうる、と。それは、「quod nihil humani a nobis alienum putare debemus〔人間的ナモノハ何デモ私タチニ無縁ダト思ッテハナラナイ〕」という人間の条件について私たちに思い出させているだけなのです。「qui jure suo utitur, nemini facit injuriam〔自分ノ権利ヲ行使スル人ハ何人ニモ損害ヲ加エズ〕」という法律家たちの規則はたわいないもののように思えます。しかし、ある場合にはとても良い用途を持っており、どうしなければならないのかをまさに考えさせるものなのです。例えば、誰かが法規と慣習によって許されている限り高い家を建て、隣の人の見晴らしを悪くしてしまった場合、この隣人があえてそれを訴えるなら、家主は法律のこの同じ規則によってただちに賠償を支払うことになりましょう。加えて、阿片は眠気を催させるという命題のような事実の命題ないし経験は、私たちの持つ判明な観念の内にあるものを決して超えさせえない純粋理性の真理よりも、私たちをずっと遠くまで連れて行きます。いかなる人間も神の概念を持つというあの命題について言えば、概念〔という語〕で観念を意味している時、この命題は理性に属しています。というのも、私の考えでは、神の観念はすべての人に生得的だからです。しかし、もしこの概念というものが、現実に思惟されている観念を意味するのなら、それは事実の命題であり、人類の歴史に依存しています。7　最後に、三角形は三つの辺を持つということは思ったほど自同的ではありません。というのも、多角形は角と同じ数だけの辺を持つはずだと知るには多少の注意が必要だからです。それにまた、もし当の多角形が閉じていると仮定されていなければ、辺は角より一つ多いことになりましょう。

9　**フィラレート**　実体に関して形成される一般的命題は、それらが確実なものであるとしても、おおかたはたわいないもののようです。実体、人間、動物、形相、植物的魂、感覚的魂、理性的魂といった言葉の意味を知っている者は、そこからいくつもの不可疑な命題を形成するでしょうが、それらは無益な（inutiles）命題です。特に魂についての命題はそうで、しばしば魂とは実際に何であるかを知らずに魂について語られているのです。誰でも、形而上学、スコラ神学、そしてある種の自然学の書物の中にそういったたぐいの無数の命題、推論、結論を見出せるでしょうが、それを読んだところで、これらの書物を一読する前に知っていたこと以上を神、精神、物体について学び知ることはないでしょう。

テオフィル　確かに形而上学の概論や普通に見られる他のそういったたぐいの書物は言葉しか教えてくれません。例えば次のように言うこと、すなわち、形而上学は存在一般の学（*science*）であり、存在一般の原理とそこから流出してくる変状（affections）とを説明するとか、存在の原理は本質と現実存在であるとか、変状は原初的——つまり一、真、善——か派生的——つまり同じものと異なるもの、単純なものと複合されたものなど——かであるとか言うこと、そして、これらの名辞の各々について語りながら、曖昧な概念と言葉の区別としか与えないこと、こうしたことはまさに学という名を濫用することなのです。しかしながら、もっと深遠なスコラの人々、例えば（グロティウスが大いに重んじている）スアレス(14)などは正当に評価しなければなりません。彼らの間では時として、連続、無限、偶然性、抽象的なものの実在性、個体化の原理、形相の起源と欠如、魂とその諸能力、被造物と神との協力などについて、また道徳においても意志の本性、正義の原理といったものについて、優れた議論が展開されていたことを認めなければなりません。要するに、これら鉱滓の中にはまだ金があると認めなければなりません。ですが、それを利用できるのは知識の豊かな人だけなのです。良いものがそここにあるからと、若者たちに無益なものの山を担わせるのは、すべてのものの内で一番大切なもの、つまり時間を無駄にすることになるでしょう。いずれにせよ、実体についての、確実で、知られるに値する一般的命題が私たちにまったく欠けているわけではありません。神や魂についての偉大で美しい真理を私たちの巧みな著者〔ロック〕は、自分の頭で考えてか、あるいは一部他の人に倣ってか述べました。私たちだっておそらく何ものかを付け加えました。物体に関する一般的認識については、アリストテレスが残した認識にかなり重要なものが付け加えられていますし、自然学はその一般的なものでさえ、以前よりずっと実在的になりました。実在的形而上学に関しては、それを私たちはほとんど確立し始めており、理性に基づき経験によって確証された、実体一般にかかわる重要な諸真理を私たちは見出すことができます。魂と精神についての一般的認識も少々進めえたのではないかと私は思っています。そういう形而上学はアリストテレスが求めていたものであり、それは彼によれば望まれた学と呼ばれる学、つまり彼が探していた学なのです。それは他の理論的学問に対して、至福の学がそれに必要な技術に対して持つ関係、建築家が職人に対して持つ関係に立っています。それゆえ、アリストテレスは、他の諸学問が最も一般的な学問としての形而上学に依存しており、それら学問の諸原理が形而上学から借りてこられなければならず、形而上学の内でそれらは論証されると言っているのです。したがって、真の道徳が形而上学に対する関係は、実践が理論に対する関係であると知らなければなりません。なぜなら、諸精神についての認識、特に神と魂についての認識は、実体一般についての学説に依存しているのですから。そして、こうした認識が正義と徳とに正当な広がりを与えているわけです。というのも、他のところで指摘しましたように、もし摂理も来世もなかったら、賢人は徳の実行法においてもっと制限されていたでしょう。彼はすべてを現在の満足にしか結びつけないでしょうし、この満足――すでにソクラテス、マルクス・アウレリウス帝、エピクテトスや他の古代の人々において見られるこの満足――にしたところで、宇宙の秩序と調和が際限のない未来にいたるまで開いて見せてくれるあの美しく偉大な展望なくしては、必ずしもそれほど基礎づけられてはいないでしょうから。この展望なくしては、魂の平穏は強いられた忍耐と呼ばれるものでしかないでしょう。したがって、理論的なものと実践的なものという二つの部分を含む自然神学は、実在的形而上学と最も完全な道徳とをともに含んでいる、と言ってよいのです。

12　**フィラレート**　そこには、たわいないとか、純粋に言葉上のものといったものとはほど遠い認識が確かに存在します。しかし、たわいなかったり純粋に言葉上のものというのは、二つの抽象的なものが互いに肯定されている認識のことのようです。例えば倹約とは質素であるとか、感謝は正義であるとかです。これらの命題や他の命題が一見したところでは時にいかにもっともらしく見えようとも、それでも、その力を量ってみれば、そうしたすべてのものは名辞の意味以外のものを持っていないことに私たちは気づきます。

テオフィル　でも、名辞の意味つまり定義は、自同的公理と結びついて、すべての論証の原理を表現します。そして、これら定義は観念とその可能性とを同時に知らせえるのですから、それら定義に依存するものは必ずしも純粋に言葉上のものでないことは明らかです。感謝は正義である、あるいはむしろ正義の一部である、という例について言うと、それは馬鹿にすべきものではありません。というのも、忘恩訴訟（actio ingrati）と呼ばれるもの、つまり恩知らずな人々に対して起こすことができる訴えは法廷でそれほどおろそかにされないのが当然だ、とそれは知らせているのですから。ローマ人たちは自由民つまり奴隷から解放された人に対するこういう訴訟を扱っていましたし、今日でも贈与の取り消しに関してそれが起こされるに違いありません。それに他のところですでに言いましたが、抽象的諸観念だって、一方を他方に付与すること、類を種に付与することができるのです。例えば、持続は一つの連続性である、徳は一つの習慣であると言う時のように。ただし、普遍的正義は単に一つの徳であるだけでなく、道徳的徳全体のことでもあります。〔ライプニッツ『人間知性新論』第四巻第八章〕

〔ライプニッツとコンディヤックにおける〕この知の反復的構造は、単にこれから見るようにたわいなさの考古学的解釈に道を開くだけでなく、剽窃――コンディヤックはこうした非難でとても苦しまねばならなかった(15)――の形而上学、あるいはむしろ形而上学的剽窃の理論にも道を開くのである。(t.I, p. 222, 319, etc.)注(16)。

経験が私にこれらの〔子供の教育についての〕考察を確信させた。もしこれらの考察を『人間知識起源論』に書きつけていなかったなら、ここに付け加えることもなかっただろう。私はここで他の多くの場所でと同様にこの著作を書き写しているのだから。さらに、多くの作家たちがこの『起源論』を引き写したことに注意しておかねばなるまい。というのも、思考する技術について書きながら、私自身がこれらの作家たちを引き写しているように思われてしまうかもしれないから。剽窃家の形而上学者たちは手の施しようがないほどいくらでもいる。彼ら自身を内省させて形而上学的な真理を発見させてやったら、彼らは自分だけでも発見できただろうとうぬぼれ、ためらいもなく彼ら自身の発見として提示する。かつてデュマルセ(17)は恥知らずな剽窃をされたと私の前でこぼしていた。私はそのことを剽窃者に言ったが、彼は「デュマルセが文句を言うのは間違っている。それらのことがらはそれに取り組もうとする分別のある人なら誰の内にでもあるのだから」と私に答えた。とはいえ、それらのことがらは、〔剽窃者より〕はるかに分別のある人たちであるポールロワイヤル(18)の人たちには見逃されていた。デュマルセは彼の分野では優れた形而上学者だったので、多くの剽窃家の形而上学者たちを生み出したのだ。こうした剽窃家たちは、愚かにも指導者なしに自分たちの内に事実を探ろうなどとする時に書く出来の悪い形而上学によってそれと分かるのである。(『思考する技術』t.I, p. 735)

ところで、悪い形而上学《メタフィジーク》が始まるのは、言語活動とともに、無価値なシニフィアンの逸脱とともに、無価値なシニフィアンの漂流――その中で無価値なシニフィアンが繰り返され、自己に一致し、自己以外には何も意味しなくなるような漂流――とともに、である。同様に、たわいなさもすでに記号の起源から生じているのである。

したがって、哲学的なたわいなさは単なる偶発事ではない。なるほどコンディヤックはそれに打ち克とうとしている。つまり、哲学的なたわいなさを、突然生じた歴史的な悪だと――この悪が、本来真摯な議論をうわべだけ装っているところだと――見なしている[19]。だが同時に、私たちが今や認めている論理によって、この偶発事はまた一種の本質的な宿命、構造的な運命、原罪としても叙述されることになろう。

たわいないものを減らす方法はいわゆる〔学問の〕方法である。たわいなくなくなるには方法的であればよい。

秩序、明瞭さ、正確さ――これらを欠いているのは単に論理だけではない。エクリチュール、つまり哲学的文体もそうである。哲学的文体は本来的にたわいなさに向かう。だが、このことの理由は論理的、認識論的、存在論的である。哲学的エクリチュールがたわいないのは、哲学者が自分の言表を完遂することができないからである。彼は何も知らず、言うべきこともない。それで、文体の効果を複雑、微妙にし、洗練させることで、自分の無知を覆い隠そうとするのである。こうして、自分の言説の本質的な無内容をごまかすのである。ある哲学的エクリチュールが難しく、秘教的で、少数の者だけに向けられているとしたら、それは中身がないからである。

詩人と雄弁家は早くから方法が有効であることを感じていた。そのため、方法は彼らのもとで最も速く進歩した。彼らには作品を一国民全体に向けて試してみることができる強みがあった。国民の内に引き起こした印象の証人となることで、彼らは自分の著作に欠けているものを観察することができたのである。

哲学者は同じ利点を持たなかった。大衆に向けて書くことは自分たちにふさわしくないと見なし、彼らは永らく理解されないことを義務のように考えてきた。往々にしてこれは彼らの自尊心の遠回しな表現にすぎなかった。彼らは自分の無知を自分に隠したかったのだ。学識があると民衆の目に映れば十分だった。民衆は、判断するよりも称賛するのに向いており、とかく哲学者の言うことをそのまま信じてしまった。したがって、哲学者には判定者として弟子たちしかおらず、この弟子たちは師の考えをやみくもに受け入れたから、哲学者は自分の方法に欠陥がある（défectueuse）のではないかと疑うことをしなかった。逆に、彼らを理解することができない人は誰であれ知性が欠けているのだと考えるようになった。こうした理由で、哲学者の著作は多くのたわいない論争を生んだが、推論する技術の進歩にはほとんど寄与しなかったのである。（『書く技術』t.I, p. 592）

不具合（mal）のもとはエクリチュールである。たわいない文体は——書かれた文体である。詩人や雄弁家と違って、哲学者（散文の発明者であることを忘れないようにしよう）は「引き起こした印象の証人」とはならず、生きたやりとりの中で自分たちの言説の規則を見つけることもなかったのである。対象の不在、対話者の不在、哲学、エクリチュール、たわいなさ——この連鎖はいったいどこで断ち切ることができるのだろうか。

たわいなさはその作用を開始する。あるいはむしろ作用というものを自らの作用によって脅かす——反復一般の中で。つまり、裂け目（fissure）——〔観念の反復と言葉の反復という〕二つの反復を互いに切り離して、反復というものを二つに裂く裂け目——において。観念の反復、つまり複数の観念のあいだの自同性はたわいなくはない、複数の言葉のあいだの自同性はたわいない。おそらくコンディヤックはこのことを判断、文、述語の言表について語っているのであろう。しかし、彼は同じことを、観念それ自体の自己への同一性（identité à soi）、言葉それ自体の自己への同一性についても確かに前提としているはずである。[20] これら〔観念における自同性と言葉における自同性という〕二つの自同性の相互の差異こそが、したがってこれら二つの反復の力の相互の差異こそが、より大きな価値とより小さな価値のあいだ、肯定的なものと否定的なもののあいだのあらゆる形の隔たりを説明するだろう。とりわけ、確かなものとたわいないもののあいだの隔たりを説明するだろう。だが、コンディヤックは二つの反復の力を互いに結びつけた。ロックに反対して、コンディヤックは、記号の連関なしには観念の連関はないことを指摘（marquer）しようとした。[21] 反復それ自体の内における〔観念と記号の〕二つの反復のあいだの境界は、それが再生産され、表現され、意味作用を持つことができるためには、境界が排除したもの自体〔二つの反復の結合〕を生み出さざるをえないのである。

たわいなさはシニフィアンの逸脱から生じる。しかし、またシニフィアンが、その閉じられていて表象をすることのない自同性の内で、それ自体へと屈曲すること（repli sur lui-même）からも生じる。したがって、たわいなさを免れるのは、非＝自同性という意味上の危険をあえて冒すことによってだけである。コンディヤックはこの非＝自同性を隠喩と呼び、言語活動の本来の構造と考える。[22] ただし、それはただ非＝自同性を類比的・目的論的に再所有しようとするためなのである。[23] この再所有は、身ぶり言語——これが隠喩を開始する——から、補いとなるあらゆる変様（toutes les modifications suppléantes）を通じて、最も形式的かつ最も自然な計算の言語にいたるまで続いている。このことを例えば〔『起源論』〕第二篇の冒頭で確かめることができよう。そこでは、時間の起源と修辞法〔つまり再所有としての隠喩〕の起源とをともに語っている物語の内に、〔再所有の条件である〕時間の様態を含んだ修辞法（rhétorique des modes temporels）を、隠された導きの糸として認めることができよう[24]。だが、第二篇よりはるか以前から、時間——つまり、目下の関係のそれ自体との隔たりだが、反覆可能性（itérabilité）の内での、現在のそれ自体との関係でもある——は、感受性の根源と、たわいないものの領分とを同時に指し示していただろう[25]。

欲求は〔コンディヤックの〕体系の唯一の原理であるように思われる。欲求の命題はどのように複雑化していくのか。

『教程——予備的講義のまとめ』では、欲望の定義は知性（entendement）の定義と意志の定義のあいだに置かれている。これら〔人間の心的機能の〕各領分の係わり合いと相互の変様はしばしば私たちをとまどわせる。この〔心的過程の〕論理は、いろいろなテクストを相互につなぎ合わせようと思うなら、いつも綿密な再編成を要求する。ここでは例えば、欲望は意志を生み出すか、あるいは意志へと変化することになろう（この意志とは「欲求から生まれるあらゆる作用を包含する能力である。ちょうど知性が注意から生まれるあらゆる作用を包含する能力であるように」(t.I, p. 414)）。しかし、欲望はまたあらゆる〔理論的実践的な〕知識の源に、そして注意一般の源にあるので、さらに知性をも、また対象への理論的関係をも生み出す。

欲望。必要であると判断されるものを持っていないことは、あなたに不快と不安を生み出し、あなたは多かれ少なかれ苦しむことになる。これが欲求と呼ばれるものである。不快はあなたの目を、触覚を、すべての官能（sens）を、持っていない対象へと方向づける。不快はさらにあなたの魂を方向づけて、この対象について持っているあらゆる観念や、この対象から受け取るだろう快にかかわらせる。したがって、不快は身体と魂のすべての能力の働きを方向づけるのである。

持っていない対象に向けて諸能力をこのように方向づけることが欲望と呼ばれるものである。したがって欲望は、対象が眼前になければ、魂の諸能力の方向づけ（direction）でしかない。さらに欲望は、対象が眼前にあれば、身体の諸能力の方向づけも含むのである。」（t.I, p. 414. p. 232も参照のこと）[26]

したがって、欲望がその力においては欲求にほかならないとしても、その概念（notion）が欲求の概念から派生するとしても、この派生態がどんな力を加えも奪いもせず、欲求の方向を定めて欲求に様態を与えるだけだとしても、それでも欲求についての認識あるいは意識は、欲望を、方向づけられたこの派生態を、この方向づけが向かう対象を、経由するのである。その結果、特に次のことが生じる。つまり、たわいなさ——見たところは〔具体的〕対象が欠けた欲望、あるいは浮遊する欲望の反復である——はまた、それ自体のままの欲求、〔具体的〕対象が欠けた欲求、欲望の支配（rection）を受けない欲求でもあるのだ。コンディヤックの『論理学』は「現在までに作られたどんな論理学にも似ていない」（t.II, p. 371）が、欲求の論理を欲望の論理に対立させるものではない。反対に、動体（mobile）の力と方向のように、二つの論理を互いに関連づけ、一緒に考えるために編成されている。『論理学』第二部（方法と結果から考察した分析、あるいは、よく作られた言語に帰着する推論する技術）の第一章は、「私たちが自然から受け取る知識はすべてが完全に連関する体系をどのように形作るか、自然の教えを顧みない時私たちはどのように道に迷うか」という表題を持ち、欲求の欲望する方向づけ（direction désirante du besoin）を扱っている。

> 私たちの見たところ、欲望という言葉によっては、必要な〔＝その欲求を持っている avoir besoin de〕事物への私たちの諸能力の方向づけしか意味することはできない。したがって、私たちが欲望を抱くのはただ、満たさねばならない欲求を持っているからである。こうして、欲求と欲望が私たちのあらゆる探求の動因（mobile）なのである。（t.II, p. 393）

欲求が体系の唯一の原理だとしても、欲望が欲求の表象的な方向づけ（vection）にすぎないとしても、欲望が欲求と対象——それがないことが欲求を欲求としている対象——との関係にすぎないとしても、欲求が現れ、また欲望という表象作用（représentation désirante）に変わるのはただ〔事物間の〕比較において時間の裂け目が開くこと（dehiscence temporelle）をとおしてである。

一般に差異には単に程度の差だけがある。この根本命題はその効果をコンディヤックのすべての言説に及ぼしており、断絶と反復にかかわるいわばあらゆる概念（concept）を規則的に展開することになる。この展開（déploiement）は時間の展開である。時間は欲求と、欲求を一般に対象に結びつける欲望という表象作用との起源でさえある。無差別（indifférence）自体が（時間的な）比較の結果、したがって差異の結果にすぎない。

§24――無差別の状態は比較の問題としてしかない。これらさまざまな程度の中に、無差別の状態を見つけることはできない。どれほど弱いものであっても最初の感覚に対して、立像は必然的に心地がよいか悪いかである。しかし、最も激しい痛みと最も大きな喜びとを順に感じる時、立像は、最も強い感覚と比べて、最も弱い感覚を無差別であると判断したり、快いとか不快とか見なさなくなったりするだろう。（……）§25――欲求の起源。心地が悪かったり、良くなくなったりする度に、立像は過去の感覚を思い出して現在の状態と比較し、かつての状態に戻ることが重要だと感じる。ここから欲求が生じる。あるいは、それを享受することが必要であると判断される良いことの認識が生じる。したがって、立像が欲求を知るのは、被っている苦痛をかつて享受した快と比較することだけによっているのである。」（t.I, p. 228〔『感覚論』一―二―24／25〕）

すでに言及したように、[27] 程度、段階的差異は、ある（*est*）〔という意味〕を分解してしまい、自同的な命題を損なう。しかし同時に、自同的命題に総合の価値を付与することで、この命題を〔新しい総合判断として〕可能にもする。[28] 総合の価値は認識を前進させ、たわいなさを禁じることになる。したがって、たわいなさについて、時間――程度を生み出す要因――は同時に可能性も不可能性も示している。たわいないもののもろさ、はかない構造は、（程度の）差（の〔内にある〕時間）にほかならない。あるいは、存在論が存在論としては単純には受け入れられないであろう間隔にほかならない。ここには裂け目（lézarde）のようなものがある。ここで構築と脱構築が開始される。崩壊の線はまっすぐでも、連続的でも、規則的でもないが、哲学はそこから、哲学自体からのように影響を受ける。哲学はそれ自体から逸脱し、衝撃（coups）――ただし外部からもたらされるであろう衝撃――を引き起こす。ただこうした、同時に内的であり外的である条件において、脱構築は可能になるのである。

比較なしには、表《タブロー》[29]を破壊する時間なしには、快／苦の対立（原理の原理）*も、類比一般もないだろう。時間なしには、対象もないだろう。時間の隔たり（自らに知覚される現在が反復されることと不在であること）が、記号の内部と観念の内部に表象的な方向づけを開始する。補い（suppléance）の作用――概念と言葉は規則正しく再び現れる――は表象作用として解釈される。ところで、記号の不在（vacance）――たわいない不在――、対象に対する記号の関係の中断は、記号以前に生起している。あるいはむしろ、記号は記号以前にきざしがある。一般化あるいは抽象化の始めにおいてすでに、つまり、ある記号を「比喩的に」受け取ることを許すあの意味の拡張の過程からすでに、記号は言語活動の詩的な起源に隠喩を組み入れ、類義語辞典の規則を立てる。「拡張された」意味はつねに対象との関係において、不在で、浮遊し、弛緩しているおそれがある。そのため、二つのメタフィジーク、二つの語法の誤り[30]、二つの想像、二つの自同性があるのと同様に、私たちは観念自体の二重性からも逃れえない。これがたわいないなさの最後のあるいは最初の衣装である。

＊『感覚論』一―一／二 t.I, p. 224- 参照[31]。ここでもまた、時間への（現在が不在であることへの）関係が欲望の起源として想定されている。前＝時間的な感情（affect）の仮説（fiction）において、欲望は石のようなままで

ある。「〔立像は〕まだいかなる変化、継起、持続（durée）の観念も持っていない。したがって、欲望を形成することができずに存在している」（p. 225〔第二章第三節末尾〕）。

この主題で陥りやすい誤りは、観念という語は一つの語義しか持たないと想定することから由来する。しかしこの語は二つの語義を持つのである。一つは本来の語義であり、もう一つは拡張によって与えられる語義である。私が一つの石、二つの石と言う時、観念という語はその本義において受け取られている。なぜなら、私は一つ、二つという観念を、これらの名詞に私が結びつけている対象に認めているからである。しかし、私が一、二と言う時、そこには一般名詞（noms généraux）しかなく、これらを観念と呼ぶことができるのはただ拡張によってのみである。（『計算の言語』t.II, p. 430）

拡張によって言われることはいつも非本来的に（improprement）言われるのである。「非本来的に、あるいは拡張によって」とコンディヤックはしばしば言っている（同書 p. 433）。観念を事物のないままに、記号を観念のないままにしておき、名辞の自同性をその対象——観念の自同性——から乖離したままにしておくたわいない拡張は進歩自体とともに増大する。この拡張は目的論的運動をたどり、この拡張が崩壊させる（effriter）ものに対応して拡がってゆく。たとえば、交流〔交易〕、言語活動、制度に対応して拡がってゆく。ところで、恣意的なものの秩序において、たわいなさの領分は「動因」（欲求／欲望）の補足的な（supplémentaire）錯綜に基づいているが、これはまだ考察してこなかった。

一方で、たわいなさは欲望によって欲求に現れる、と考えることができよう。欲望は対象の方向づけ（direction）を開始し、補いの記号を生み出す。この記号はいつも、不在、自由（disponibilité）、拡張によって、いたずらに作動する可能性がある。欲望は、それだけでは内在的な力を持たない方向づけ（orientation）であり、本質的に軽く、か細くてもろく、変わりやすいだけにいっそうそうなるのである。

他方では、逆に、欲求自体がたわいない[32]。欲望を欠いた欲求は盲目であり、いかなる対象も持たず、それ自体から変化せず、それ自体だけで閉ざされており、トートロジックであり、自閉的である。石のようなままである。欲望は欲求をある対象へと関係させることで、欲求を動かし、欲求に精神性を与え、欲求を法則に従わせ、ある秩序に結びつけるのだ。

だが、欲望と欲求のこのような対立だけにとどまっていては、この対立がどれほどキアスム[33]に似ていても、見落としてしまうことがある。つまり、人間の秩序（二次的な第一のもの――ヒューマニズムとしてのメタフィジーク[34]）とともに、言語活動、恣意的記号、交流〔交易〕一般とともに、キアスムが補足的な屈曲、欲望すること、への欲求によってたわむということである。

この欲求は欲望ではなく、自然に属しているのではない。あるいは、自然――人間の――に属しているとしても、それは獲得する能力（pouvoir）のようなものである。『動物論』は、どのような「単なる相違から、獣では思いもかけないような快と苦が私たちには生じる」のかを説明している[35]。

……私たちのあらゆる欲望を満たすことはもはやできない。それどころか、これらの欲望が向かうすべての対象を享受することが私たちに許されたとしたら、私たちはあらゆる欲求のうち最も差し迫ったもの、つまり欲望することへの欲求を満足させられなくなってしまうことだろう。私たちの魂に必要なものとなった、この〔満足させる〕活動が魂から取り上げられてしまうことだろう。私たちには押しつぶされそうな空虚しか、すべてに対する、また私たち自身に対する倦怠しか残らないことだろう。そういうわけで、欲望することは私たちのあらゆる欲求の内で最も差し迫ったものである。したがって、一つの欲望が満たされるやいなや私たちは他の欲望を作り上げる。しばしば私たちは同時にいくつもの欲望に従う。あるいは、それができない場合には、現在の状況のせいで魂を向けることができない欲望を他の時期に繰り延べるのである。したがって、私たちの情熱は新しくなり、続いて起こり、数を増してゆく。私たちはもはや欲望するためにだけ、欲望する限りでだけ生きるのである。(t.I, p. 372)

欲望はもはや対象への関係ではなく、欲求の対象である。もはや方向づけ(direction)ではなく、目的である。欲求を一種の飛翔へと向かわせる果てのない目的(une fin sans fin)である。この間隙(échappée)は、欲求(直截な語にして、自同性を欠いた概念)の起源、体系、運命、時間を運び去るのである。

立像がこのことに目覚めるや、立像はまた隔たりを狭めるための仕事に取りかかる。石は、かつての状態に戻る(戻らない)ために、たわいない空転に抗して、いろいろな記号の頑固な自同性、つまり別のたわいなさを生み出し始める。つまり、メドゥーサの恐怖、すなわち正当性それ自体を生み出し始めるのだ。

訳注

＊訳注の作成にあたっては各種文献の恩恵をこうむった。しかし、多くの場合煩瑣になることを避け一つ一つ典拠を示すことはしなかった。先達に感謝の意を表したい。

(1) Victor Cousin, *Histoire gégérale de la philosophie*, Didier, Paris, 1884, p. 500-501.
クザン (Victor Cousin 一七九二―一八六七) は十九世紀フランスを代表する哲学者。カントやヘーゲルといったドイツ哲学、あるいはスコットランド学派の常識擁護論をとり入れ、デカルトからメーヌ・ドゥ・ビラン (Maine de Biran) にいたるフランス哲学の伝統と統合した唯心論的な哲学を唱えた。また、フランスにおいて哲学史研究の分野を開拓した。自由主義者で宗教上の寛容を擁護した。

(2) 『フランス唯物論史補説』とは、マルクス、エンゲルスの哲学関係著作をフランス語に訳して編纂された選集に、二人の共著『聖家族』の抜粋が収められた際、編者によって付けられたタイトルである。引用箇所の出典は次のようになる。Karl Marx, Friedrich Engels, *Études philosophiques*, Éditions Sociales, Paris, 1961, p. 140-142.

1 二次的な第一のもの

(1) métaphysique この語は「形而上学」と訳されて定着しているが、デリダも指摘するように (本書一三―四頁)、コンディヤックは「本能」をメタフィジークと呼ぶ場合もあるため、コンディヤックがこの語を用いる場面では「形而上学」という訳語は避けた。

(2) *Essai sur l'origine des connaissances humaines*. 一七四六年初版刊行。フランスの哲学者コンディヤック (Condillac, Étienne Bonnot de 一七一五―八〇) の処女作。邦訳は『人間認識起源論』古茂田宏訳、岩波文庫、一九九四年、全二巻。

(3) 原語 opposition は「対立」と訳されるのがふつうであり、本書もそれに従うが、対照、対比、相対、対(になっていること)といったニュアンスであり、抗争、反目の意味は含んでいない。
(4)『計算の言語 *La langue des calculs*』。未完に終わったコンディヤックの著作。一七九八年の『コンディヤック全集』に初めて収録された。コンディヤックによれば、類比に基づく言語が理想的な言語であり、それはそのまま方法として学問を生み出す。こうした言語の代表は代数である。この著作において、コンディヤックは算術的計算から文字を使った代数までを分析し、一般的な言語、学問において類比にもとづいて概念を構成し、推論を行うための示唆を得ようとする。なお、「私は始まりから始める」は Condillac, *Oeuvres philosophiques*, P. U. F., t.II, p. 433,「だから私はこれまでついぞ始められることのなかったところから始めるのだ」は t.II, p. 432 からの引用である。
(5) ペリパトス学派とはアリストテレス学派のこと。ペリパトスはギリシア語で回廊、学園などを意味する。テオフラストス (Theophrastos 前三七二頃—前二八八頃) は、アリストテレスが創設したリュケイオン校の第二代学頭である。メタフィジーク (形而上学) の名は、実際は、前七〇年頃のリュケイオン校の学頭アンドロニコス (Andronikos) がアリストテレスの講義草稿を編集した際、自然学 (タ・フュシカ) の後に (メタ)「第一哲学」ないし「神学」の論考を置き、これがメタフュシカと称されるようになったことに由来する。
(6)『パルマの王子の教育のための教程 *Cours d'étude pour l'instruction du prince de Parme*』一七七五年刊。コンディヤックの著作。第一巻『文法 Grammaire』、第二巻『書く技術 De l'art d'écrire』、第三巻『推論する技術 De l'art de raisonner』、第四巻『思考する技術 De l'art de penser』、第五巻〜第一〇巻『古代史 Histoire ancienne』、第一一巻〜第一五巻『近代史 Histoire moderne』、第一六巻『歴史研究 De l'étude de l'histoire』からなる。コンディヤックは一七五八年から六七年までの間、招聘されてパルマ公国の王子フェルディナンド (ルイ十五世の孫にあたる) の家庭教師を務めた。膨大な『教程』はこの間の教育のための教材をまとめたものである。
(7) 交差対句法、交差配列。対句をなす二つの語群のうち後の語群の語順を前の語群の語順とは逆に配列する修辞法。「人間は生きるために食うべきであり、食うために生きるべきではない」、「伊勢は津でもつ、津は伊勢でもつ」など。それまでの第一哲学としてのメタフィジークが、一般的なものを前提にして個別のものを導こうとしたのに対して、コンディヤックの新しいメタフィジークは現実の個別性から出発して原理に遡ろうとする。この絡み合い逆転した関係をキアスムにたとえたのであろう。

（8）アリストテレスは、異なった範疇に属する存在の間に見られる同等の関係を類比と呼んだ。たとえば次のように語られる。「さまざまな善きものが善いと言われるのは、類比《アナロギア》によることなのであろうか。類比というのは、たとえばちょうど身体に視覚があるように、魂には知性があり、またそれと同じようにして他のものには他のものがあるという場合の、関係の等しさのことである。」（『ニコマコス倫理学』第一巻第六章一〇九六b二七（京都大学学術出版会、二〇〇二年））

（9）この語はデリダ自身が『グラマトロジーについて』のルソーの読解などにおいて用いたキーワードでもある。デリダはこの語に、「補い（補足）」と「代わり（代理）」の「二つの意味作用」を認めており、ここから日本語に訳す際には「代補（する）」という訳語を与えることも行われている。本書ではこの点は念頭に置きつつも、このフランス語が造語ではないこと、「補う、補い」と訳した場合でもこの二つのニュアンスを含みうると思われることから suppléer を「補う」、supplément を「補い」と訳すことにする。

（10）この部分の時制は aura été と前未来形（英語の未来完了形に相当）であり、その部分がイタリックで強調されている。この前未来形は、過去のことがらについての事後的な推測を表し、「事後性」の問題とかかわるように思われる。同じ段落では、他にも同様の前未来の時制が使われている（「先立っているであろう」）。「事後性（事後修正）」にかかわる第二章訳注1も参照されたい。

（11）*La logique, ou les premiers développements de l'art de penser.* 一七八〇年刊。コンディヤックの著作。ポーランドの政府機関であるポーランド国民教育委員会から委嘱され、論理学教科書として執筆された。内容的には『人間知識起源論』の延長上にあるが、『起源論』においては理論的認識における言語の役割が強調されていたのに対し、この書ではむしろ前言語的な分析能力が強調されている。

（12）この著作は『パルマの王子の教育のための教程』（一七七五年）の第三巻に当たる。デリダが、この書は「自然の本能のメタフィジークと、〔……〕二次的学問であるメタフィジークとを互いに関係づけるはずの規則を与えている」と言うのは、デリダ自身が次に引用するこの書の「序文」中の記述を指していると思われる。この書は全体としては、事実の明証、内的感覚の明証、理性の明証という三種の明証から新たな真理が発見され、また類比や推測（conjectures）が明証を補うことを論じている。

(13) デリダにおいて instance の語は「ヒエラルキー中の一段階、一次元」あるいは「（ヒエラルキーの観念を含まない）要因ないしは機能の独自のカテゴリー、領域」の意味で使われていると思われる（Cf. Foulquié et Saint-Jean, *Dictionnaire de la langue philosophique*, 1962）。前者の意味で使われていると思われる場合は「審級」と訳す。後者の場合は「……が機能する領分」「……の領分」と訳すことにする。

(14) プラクシスの哲学とは、プラクシス（倫理的実践）考察の対象とし、そうした実践の指針を与える哲学ほどの意味であろう。一方、事実とは、経験的所与であり、時空の内にある世界に起こる事柄を指す。事実は他のあり方にもなることができ、他のあり方になりえない論理的必然や本質とは区別される。事実のメタフィジークとは、経験的事実を扱うメタフィジークほどの意味であろう。

(15) 先に（一一頁）『教程　近代史』t.II, p. 229 から引用された箇所と同一箇所。

(16) 先の『推論する技術』からの引用箇所の分類に照らせば、「反省のメタフィジーク」のこと。「心理学」はこの「メタフィジーク」の第一段階であることになろう。

(17) 引用箇所を含むダランベールの文章は次の邦訳で読むことができる。ディドロ・ダランベール編『百科全書――序論および代表項目』岩波文庫、一九七四年（引用箇所は一一二頁）。なお、「物理学」と訳した原語は la physique だが、この語は近代科学以前の思弁的傾向の強い自然に関する学問をも表し、この場合は「自然学」と訳される。ニュートンの体系はいまだ無機的な自然現象を扱う近代的な物理学とはいいえない側面を持っていたが、自然についての新たな学問を創造したとされていることから「物理学」と訳した。

(18) 自同的命題は、古典論理学においては〈AはAである〉という形の命題を意味する。ライプニッツにおいては、この命題は、主語ないしその一部分と述語とが同一である命題として柔軟に理解されており、また、ある命題の名辞を分析して、こうした自同的命題に還元することが命題の論証となる。論理法則としては自同律と呼ばれ、関連する矛盾律、排中律とともに古典論理学の三大原理と称される（本章訳注32参照）。

分析判断（分析的判断とも）はカントに由来する概念。主語（の概念）のうちにすでに述語（の概念）が内包されている判断をいう。主語に潜在する述語を顕在化させた判断であり、先天的に真（確実）であるが、私たちの知識を増大させることはない。述語は主語に含まれていることを明らかにするのが命題の論証である。これに対して、主語のうちに含まれない述語を新たに主語に加え、知識を拡張する判断を総合判断という。

デリダによれば、ここで学問の進歩とは「過去の断絶の事実を〔……〕移し替え」（一九頁）ることであり、「一般的な法則を個別の分野に適用」すること、「類比による発明」である。つまり、ある与件に対するのと同じタイプの分析方法を類比によって新しい対象に適用するのである。コンディヤックが論じる範囲内では、知は「自同的命題」、あるいは分析判断によってもたらされると考えられたが、その同型の知が類比によって繰り返されるのだから「知の豊富化」も「『自同的命題』、分析判断によって行われる」と考えられることになろう。

(19) 続きの部分も含めて引用すると次のようになる。「類比においてはさまざまな程度を区別しなければならない。類比が類似の関係、〔手段から〕目的への関係、あるいは原因から結果への、結果から原因への関係を基礎としているのに応じて区別しなければならない。」（『論理学』t.II, p. 412）この場合、類比の程度、確実性は順に高くなる。これらの類比の具体例については次の訳注20を参照のこと。

(20) ここでは例として〈地球と諸惑星との間の類比〉が取り上げられている。デリダが引用している箇所の前の部分で、コンディヤックは、訳注19で見た類比の「さまざまな程度」を例を示して説明している。ここでデリダが引用している箇所の内容を理解するうえでも有用なので順に見ておこう。まず、類似の関係に基づく類比の例は「地球には人が住んでいる、だから、惑星にも住んでいる」というものである。次に、目的への関係に基づく類比の例は次のようである。「（地球と同様に）惑星も日変化・年変化を持ち、部分が順に日に照らされ、熱せられる。これは住民を保護することが目的である。だから、惑星にも住民がいる」。次に、因果関係に基づく類比の例が挙げられる。この部分のコンディヤックの論旨は不明瞭だが、次のように解釈できよう。地球には日変化と年変化が認められるが（事実の明証）、これらが地球と太陽の運動から「生じうる」ことは理性の明証（結果から原因への関係）である。一方、諸惑星には公転・自転の二重の回転運動が確認され（事実の明証）、諸惑星のこの運動が必然的に日変化と年変化を生み出す「はず」であることも理性の明証（原因から結果への関係）である。ゆえに類比によって、地球は二重の回転運動をしているであろう（また、諸惑星は日変化と年変化を持つだろう）。結局、デリダの引用箇所冒頭に見られるように「この類比は、同じ結果は同じ原因を持つということ〔すなわち理性の明証〕を前提としている」のである。なお、理性の明証、事実の明証については第三章訳注12を参照のこと。

(21) 「自同的命題の連なり」については第三章訳注11、12を参照のこと。

(22) remarquer はコンディヤックにおけるキーワードの一つであろうが、デリダはこの語に注目する。本書ではこの語に基本的に「着目する」という訳語を当てる。邦語による研究においては、この語は「気づく」と訳される場合がある。「着目する」と「気づく」という訳語は、前者は対象に対して能動的、後者は受動的というニュアンスが感じられるかもしれないが、コンディヤックにおいては、remarquer という働きは結局はその人の「欲求」によってもたらされると考えられたのである。なお、コンディヤックは remarquer と類似の意味で、s'apercevoir (de, que) を使い、さらには apercevoir も同様の意味で使うことがあるが、これらは適宜「気づく」などと訳した。

(23) ここで「分析の規則」は、分析判断にかかわる規則ほどの意味。

(24) 「感覚」とともに「知識の素材」をなすとされる「魂の働き」は、知覚・意識・覚え《レミニサンス》などの魂の低次の働きを指そう。一方、「反省」は具体的には注意をさまざまな対象や部分に向ける働き（『起源論』一―二―五―48）だが、「こうした素材を活用する」作用であり、知性（次の訳注参照）に属する働きである。

(25) 『教程』全体の冒頭には、コンディヤックが家庭教師としてパルマの王子に対してまず行った予備講義の内容をかいつまんでまとめた「予備講義の概要 Precis des lecons preliminaires」が置かれている。そこでは、『人間知識起源論』と『感覚論』（第二章訳注11参照）ですでに論じた内容に沿う形で、観念、魂のさまざまな働き、習慣、心身の区別、神の認識についてのコンディヤックの考えが要約されている。デリダは「第二節　魂のさまざまな働き」の中の「知性」の項より引用している。引用箇所の前では次のように語られる。「耳が音を理解する（entendre〔聞く〕）ように、魂は観念を理解する（entendre）。よって魂の理解力（entendement〔知性〕）と言われる。ところで魂はどのように観念を理解するのだろうか。注意を向けることによって、比較、判断、反省、想像、推論をすることによってである。したがって、知性はあらゆる働きを含む。知性はあらゆる働きの結果でしかない。」

(26) 「またこの素材ないし核は……組み込まれよう」の部分は、原著で「組み込まれよう（entrerait dans）」という表現が単数形の活用となっているために「素材ないし核」が主語であるとみなした。だが、この活用は複数形になるべきものの書き間違いあるいは誤植であると考えて、「またこの二次的な変容は、組み合わせ、関係、結びつきといったものの内に組み込まれよう」ととる方がよいとも考えられる。

(27) 生気論（vitalisme）デカルトが生物体を機械論的に説明したことに反対して、生物体の生命現象には物理・化学の法則だけでは説明できない独特な生命の原理が働いているとした説を指す。十八世紀中頃以後唱えられ、十九世紀以降も生気論を受け継いだ人は少なくなかった。

生体論（organicisme）生命現象とは、部分的に見れば各器官の機械的な過程であるものが、系全体として合目的な変化として編成されたものである、とする考え方。生物学における機械論と生気論とを超克するものとして一九三〇年代に提唱された。有機体論とも訳される。

(28)『思考する技術』（『パルマの王子の教育のための教程』第四巻）の序文のほぼ全体を参考のため以下に掲げる。なお、この著作はその大部分が『人間知識起源論』の内容の再録である。

「思考には成長と栄養と活動が必要である　思考する技術の胚は私たちの感覚の内にある。必要がその胚を発芽させる。その発展は速く、思考は思考が始まろうとするころには形成されてしまう。というのも、必要を感じることは欲望を感じることなのだから。そして、欲望を抱くやいなや、注意と記憶とが授けられる。比較し、判断し、推論するようになる。殿下、だからお分かりであろう。思考は突如あらゆる能力から作り上げられる。〔……〕だが、これらの能力ははじめのうちはあまり使われない。だから、思考はまだ非力で、成長し強くなる必要がある。〔……〕／だから、思考は成長し強くなる。なぜなら、思考は成長し強くなるようにいわば有機的構造を与えられており、栄養を摂取し、活動をするのだから。／思考が成長したり力を得たりしやすくするあらゆるものを、思考は感覚の器官（organs des sensations）自体のうちに有している。思考にはあとは栄養と活動だけがあればよい。／知識が思考の食物である。だが、知識がなければ、思考は漠然とした観念、臆見、偏見、謬見を摂取する。そうなると思考は、健康に悪い汚染された食物で養われた動物のように成長する。あいかわらず非力で、活動することができず、ただ外部の印象によって動かされ、思考はいろいろな器官に取り込まれたようなままであり、自分で操ることができない自分の能力によってじゃまされている。／私が描くようなこうした無気力は、実際には、まったく愚かな人間を想定するときしか生じえない。そのほかの人間においては、思考は必ず力を得てきた。彼らは知識を獲得したからである。とはいえ、違いはなにより知識の多少について認められる。まったく愚かではないとしても、人は部分的に愚かであるということがある。思考が、提示されるものすべてを見さかいなく受け入れ、能動的というよりは受動的で成り行きまかせに活動するときにはいつも、人は愚かなのである。したがって、思考の健全な食物である知識を確保しなければならない。思考の力の発達には能力が活動することが必要だが、そうしたいろいろな能力を研究しなければならない。思考がどのように栄養摂取をすべきか、どのように活動すべきか、どのようにふるまうべきか理解したときには、私たちは思考する技術を知ることになろう。〔……〕観念の起源と生成について、知性の能力について、方法について、私たちはまだ観察をしなければならない。これがこの書の主題である。」(t.I, p. 717)

(29) 「それ」が「言語の理論」を指すとするのはデリダによる補足である。コンディヤックの文脈では「それ」は正確には「〔言葉という〕題材」を受けている。

(30) この著作は結局刊行されず、この試みは果たされなかった。

(31) ここでは『臨床医学の誕生』におけるミシェル・フーコーの立場が暗示されている。実際、デリダは次の原注で、『臨床医学の誕生』の中で認識論上の「欠落」や「認識論的神話」にふれられた部分を引用している。フーコーによれば、認識の基礎となる言語活動が把握されなかったという「欠落」が、生成(の跡づけ)と組み合わせ(の計算)という作業論理の併存を許したのであり、また「認識論的神話」に場所を与えることにもなった。

(32) 排中律 〈Aでなく、またAでないものでもない、ということはない〉〈Aまたは非A(のいずれかである)〉と表現される論理法則。あるものAと、その否定である非Aとの間に第三の中間的なものの存在を許さないことを示す。

弁証法的(思弁的)総合 論理的な矛盾〈Aであると同時にAでないこと〉、一般的にはある命題とその否定命題とを同時に主張すること)を克服しようとする思惟や認識の発展的な働き。

(33) このあたりデリダの考察は錯綜した印象を与える。デリダの解釈にしたがって、コンディヤックの議論の概略を再構成してみよう。(感覚とそれにかかわる魂の働きとしての)胚とその発展との対は(心的能力・観念・知識の)生成の過程である。そこには、(感覚とそれにかかわる働きである)素材(内容)とその活用(形式付与)の働きとの対が包含されている。生成の過程とはさまざまな能力や観念が現実に生じる過程だが、そこにはまた、素材の組み合わせが能力や観念を生み出す形式的な秩序も包含されていることになる。この形式的秩序は一種の計算の対象ともなるだろう。

なお、実際に私たちが観念や精神的諸能力を獲得する順序――私たちのもとで実際に観念や能力が生成する順序――は、諸観念・諸能力の組み合わせの形式的・論理的順序とされるものとはむしろ一致しないであろうが、コンディヤックは両者が一致する一種の理想状態を考えていることになろう。

(34) デリダによれば、テクストに関して「作者」とその「作品」という概念から離れることで、テクストは主体概念の解体を特徴とする「学問的現代性」と通じる。一方、「エピステーメー」とは、フーコーが一時代の知に一定した深層構造を想定して、それを名指した用語。デリダによればエピステーメーの存在自体が神話的である。

(35) この原注でのデリダによるフーコーからの引用は簡略にすぎて意味がとりにくい。そこで、引用が省略された部分の内容を紹介しておきたい。

初めの引用箇所で「コンディヤックの論理学は、見えるものと陳述できるものとが完全に一致すると考えられるような学問を認容できなかった」とされている。フーコーによれば、その理由は、コンディヤックの哲学が、最初の感覚の印刻に対する分析から、記号をあやつる論理学へ、さらに一つの知――言語であると同時に計算でもあるような知――の構成へと移って行ったものの、これら三つのレベルのあいだでは、要素というあいまいな概念が連続性を保証していたにすぎない、ということである。

ここで、原注における二つ目の引用に接続される。すなわち、知覚上、言語上、計算上の要素について普遍的論理が引き出されることがなく、コンディヤックは絶えず、生成（の跡づけ）と（組み合わせの）計算という、見えるものを記述する際の二つの作業論理の間で躊躇していた、とされる。次いで、この引用中の省略箇所でフーコーは次のように語る。このあいまいさは臨床医学の方法にも影響を与えたが、この方法は、厳密にはコンディヤックの変遷とは逆の道をたどった。つまり、見えるものと記述できるものとが一致するという要請を、普遍的で厳密な計算可能性によって定義しようと試みた後で、この要請に、（生成過程の）完全で網羅的な記述可能性という意味を与えることになった。本質的な操作は、結局、統辞法にしたがった転写の次元にあることになる。さて、この世代――カバニスの世代――のあらゆる臨床医学者は次のように考えた。ものごとはその状態のままとどまり、そこでは、見えるものの構成形式と、記述できるものの統辞上の規則とのあいだに、問題のない均衡を保つことができる、と。この時期には、見る、言う、そして、見るものを言うことで見ることを学ぶ、という三つのことが、直接的な透明性の中で通じ合っていた。経験は正当な権利として学問なのであった。まなざしは絶対の権限でものごとのテクストを読みとり、そこからたやすく明瞭なことば（parole）を拾い集め、それを二次的で自同的な言説の内に復元した。見えるものから与えられたこのことばは、何も変化させることなく、見させるのであった。ここで、同じ引用中の続きの部分に接続される。すなわち、「透明性のこの一般化された形式は、言語活動の地位を不透明なままにしてしまう。ところが言語活動は、この透明性の形式の基礎であり、正当化であり、精緻な道具であるはずなのである。このような欠落は――それは同時にコンディヤックの論理学の欠落でもあるのだが――、いくつかの認識論的神話に場所を与えてしまい、そうした神話が欠落を覆い隠すことになる」（『臨床医学の誕生』みすず書房、一九六九年、一六四―六頁）。

これに続く部分でフーコーは「認識論的神話」をいくつか例示している。その中心的なものは「疾患のアルファベット的構造」の神話である。この神話によると、アルファベットがあるメカニズムに従って組み合わされて言説が成立するように、病気の主要な現象がさまざまに組み合わさってあらゆる種類の疾患を生じさせる、と考えられたのである。

(36) マテシス・ウニヴェルサリス（mathesis universalis）、つまり普遍学のこと。ライプニッツの構想がよく知られている。数を因子に分解するように、すべての真理を究極の要素（有限数の原始的概念）にまで分解し、それらに対して適当な記号を考案し、それらを数学的な計算の操作によって結合させて一切の真理（知識）を導出しようと構想する。普遍的記号法（characteristica universalis）と呼ばれることもある。人間の知識の探求に数学的な確実性と厳密性を与える方法として考えられた。ライプニッツの場合、マテシスは、既知の真理を論証するにとどまらず、未知の真理を発見させ、経験的諸学についても蓋然性の程度を決定するものと考えられた。

2 天才の事後修正

(1) フロイトにいう Nachträglichkeit. フロイトによれば、経験、印象、記憶痕跡は、新たな経験により、あるいは心的発達が新たな段階にさしかかることにより、後日組み直され、修正される。その際、新たな意味や心的効果が付与されることになるという（J・ラプランシュ、J＝B・ポンタリス『精神分析用語辞典』みすず書房、一九七七年）。こうした事態が Nachträglichkeit であり、この概念は現代の思想に広範な影響を与えている。フランス語では après-coup が訳語として当てられ、日本語では通例「事後性」と訳される。ただし本書では、意味内容を明確にするため「事後修正」と訳すこととする。なお、一部のフランス語辞典でもこうした語義が与えられている (Cf. *Dictionnaire de la langue francaise : lexis*, Paris, Larousse, 1989)。

(2) メーヌ・ドゥ・ビラン（Maine de Biran 一七六六―一八二四） 本名 Marie François Pierre Gontier de Biran. フランスの哲学者。コンディヤックの感覚論の影響を受けつつも、いわゆる感覚の成立には私（自我）の能動的意志的運動が関与していると考えた。私が諸観念を生み出す仕方を反省によって調べる方法をとり、生成の結果としての現象に考察を限定するデステュットゥ・ドゥ・トゥラシらのイデオロジー（観念学）と区別した。意志的運動は、私に固有な身体の運動とそれへの抵抗についての内的感覚をともない、これが空間の認識の基礎となるとした。以上、著作としては、『思考能力への習慣の影響〔習慣論〕 *Influence de l'habitude sur la faculté de penser*』（一八〇二年）、『思考の分解 *De la décomposition de la pensée*』（一八〇五年）、『心理学基礎論 *Essai sur les fondements de la psychologie*』（一八一二年）など（ただしビランの主要著作で生前に出版されたものは『習慣論』のみ）。

(3) 以下、メーヌ・ドゥ・ビランの著作についてデリダは次のティスラン編集の全集版から引用している。Maine de Biran, *Oeuvres compètes*, Accompagnées de notes et d'appendices par Pierre Tisserand, t.1-t.14, Paris, 1920-1949.

(4) 初めの記述は、続く三つ目の引用箇所（『思考の分解』p. 99, note 1）に現れる。後の記述は、三四頁の原注でふれられるとおり『思考の分解』の第一草稿からアンリ・グイエが引用した箇所に現れる。

(5) 「二重ノ人間（*homo duplex*）」というラテン語は、ブールハーフェ（Boërhaave）が Homo, simplex in vitalitate, duplex in humanitate（生命力ニオイテ単純デ、人間性ニオイテ二重ノ人間）と語ったことを受けて、『思考の分解』においてビランによって使われている（*Oeuvres complètes*, éditées par Pierre Tisserand, t.III, p. 206）。ビランはこの書で、人間における受動的感情あるいは感受性（affectibilité）と能動的自己との二重性を主張し、この二重性はいわば自己の実存のレベルで感じられるとした。この考え方にはルソーの影響も指摘されている。

（6）ビランは、人間の唯一原理として「基本的な単純情動（affection simple élémentaire）」を想定する立場を「錬金術」になぞらえて批判している。「この情動から、次に、いわゆる変形を通して知的な要素が導き出されても驚くにはあたるまい。この知的な要素はあらかじめそこに紛れ込んでいたことになろう。同じようにして錬金術師たちは、卑金属を自然金（or natif）に変成させたと信じたのではなかっただろうか。自然金は錬金（grand oeuvre）以前にすでに混入していたのだが。」（*Oeuvres complètes*, t.III, p. 128）

（7）デステュット・ドゥ・トゥラシ（Antoine Louis Claude, comte Destutt de Tracy 一七五四―一八三六）フランスの哲学者。人間における観念の生成を研究することを課題とする哲学を提唱し、これにイデオロジー（観念学）の名を与えた。感覚にあらゆる観念の源を見るという感覚論の原理をコンディヤックから継承し、広義の感覚ないし感受性〔感覚能力〕（sensibilité）の内に、感じ（sentir）、記憶し（se souvenir）、判断し（juger）、意志をもつ（vouloir）という基本的様態を区別した。感受性はまた、努力の感覚を通して、人間の自己の存在と外界の存在を確認させると考えられた。感覚的な基礎を持たない観念（宗教的、形而上学的な観念）の放棄を主張した。『イデオロジー要綱 *Éléments d'idéologie*』（全五巻、一八〇一―二二年）など。

（8）ビランの批判は、デステュット・ドゥ・トゥラシが、感覚の一般的能力の内に（狭義の）感覚、記憶、判断、欲望を区別するものの、その区別の名目性・恣意性に無自覚なこと、またこれらの作用から「能動的力」を排除してしまっていることに向けられる。

（9）*Traité des systèmes.* 一七四九年刊。『起源論』（序論、第一篇第二部第七章）で論じられた形而上学批判を展開したコンディヤックの著作。デカルト、スピノザ、ライプニッツらの哲学諸体系の恣意性を暴き、経験に基づく新たな体系を対置する。この書物の一部は『百科全書』の「体系」の項目などにも転載された。

（10）ロックは『人間知性論』において、「感覚の観念」とは起源を異にする「反省の観念」を認めていた。ロックによれば、「反省」は人間の魂が自らの作用を認知する能動的な働きであり、「反省の観念」とは知覚、思考など「魂のあらゆる働き」を対象化した観念であった。ビランの理解では、『起源論』の時点でのコンディヤックはこうした「反省」をめぐるロックの考えを踏襲した。実際、『起源論』では、「感覚や反省をとおして最初に私たちにもたらされる」観念が最も単純な観念であるとされている（二―二―三―34、強調訳者）。なお、ビランは、『起源論』のコンディヤックが反省能力を抽象化し実体化してとらえていると暗示しているが、実際にはコンディヤックは、反省と記号は相互に依存しながら実現されると考えていたと思われる（一―二―五―49の末尾部分を参照）。

一方、ビランが指摘しているように、続く『感覚論』（次の訳注参照）では、コンディヤックは人が制度的記号を獲得する以前の状態に焦点を当て、この状態でも自然な実践的認識が成立しているとする。この認識の上に記号とともに成立するのが理論的認識であり、ここでは反省作用が働くことになろうが、こうした文脈では、もはや「反省」を「諸観念の特別な源」とする意味もなくなろう。この著作では、ビランも言及する「自我」もその実体性が明確に否定され、現在と過去の感覚・意識の集合としてとらえられる（『感覚論』一―六―三）。また、ビランが指摘するコンディヤックの「新しい理論」「新しい方法」とは、反省能力もふくめて魂の諸能力を実体的に想定せず、始原の感覚能力から派生するものとしてとらえ、その過程を「言語」化し、「正確」「明瞭」に理論化することを指していよう。

（11）*Traité des sensations.* 一七五四年刊。人間と同様の潜在能力を備えた立像を想定し、それに嗅覚、聴覚、視覚……とさまざまな感覚を順次与えていくという思考実験によって、観念の形成過程を探求するコンディヤックの著作。『起源論』にはバークリー的な唯心論への傾きがあるというディドゥロによる批判（『盲人についての手紙』一七四九年）を受け、新たに触覚を通した外界認識も論じる。認識における言語の役割は論じられていない。次の邦訳がある。コンディヤク『感覺論』加藤周一、三宅徳嘉訳、創元社、一九四八年。

（12）『感覚論』はまず第一部から第四部に分かれており、どこを指しているのかはよくわからない。

（13）『論理学』第七章「魂の諸能力の分析」は標題どおりの分析に当てられ、第八章「同じ主題の続き」は文字どおり前章の分析の続きである。つまり、第七章が「魂の諸能力の分析」の第一部、第八章が第二部をなしている。

（14）ビランがコンディヤックをどうとらえたかをふりかえっておこう。ビランはコンディヤックの思想の内に、受動と能動の対、その相互の矛盾、両者のあいだでの躊躇を読みとったのであった。そして、『起源論』以後のコンディヤックの歩みの隠された意味を探った。ビランによれば、コンディヤックは「感じ・起動する存在（人間の魂）の能動性により多くのものを付与する必要」を感じていた（一つ前の引用参照）。そして、ビランによれば、コンディヤックはついに、魂の諸能力を表示する観念（原型的観念）をもとに、記号の操作を介して、これら諸能力について推論し、演繹する「権限」を人に認めたと考えられた。しかし、これは、デリダが結論を先取りしてすでに指摘していたところによれば「記号学的能動主義、代数学的人為主義、言語学的形式化」への志向である。デリダによれば、こうしたコンディヤックの考え方は固定的で、そこでは「二つの誤り」（一元化されない受動性と能動性）を解消することは期待できない。

なお、コンディヤックは『人間知識起源論』で「原型的観念（概念）」という用語を用いた。ビランはコンディヤックの『感覚論』中の「生きた立像」の仮説に関連してこの語を使っているが、『感覚論』では実際はこの語は使われていない。コンディヤックによれば、この観念は、人間の行為にかかわる観念であり、人間が選択によって単純観念を寄せ集めて形成する複合観念であり、具体的には「栄光」「名誉」「勇気」などである（『起源論』一—三—5）。ビランは魂のさまざまな能力の観念をも「原型的観念」とすることで、コンディヤックの定義を拡張しているように思われる。

(15) ビランは『初期日記 *Premier Journal*』と呼ばれている手書きの帳面を残した。執筆時期は一七九四年から一七九五年にかけてであると推定されている。内容は、体験した出来事についての個人的覚書、あるいは読書に触発された考察などである。この草稿は、同時期に書かれた同じような性格の覚書類の草稿と合わせて、ティスラン版全集の第一巻「初期日記」として出版された。デリダが「『起源論』についての『日記帳の覚書』」と言っているのは、もともとの『初期日記』に含まれていた次の覚書を指す。«Notes sur l'Essai de l'origine des connaissances humaines» in Maine de Biran, *Oeuvres complètes*, t.I : Le premier journal, p. 206-16. なお、明示されていないが、デリダが引用した箇所は同書二一三頁である。

(16) 人間の非物質的な魂の存在を認めながらも、その魂は現世においては物質的身体（直接には脳）と結合しており、観念など魂の諸作用はすべて脳の繊維に基盤を置いているという考えが十八世紀以来存在した。ジュネーヴの哲学者・博物学者シャルル・ボネ（Charles Bonnet 一七二〇—九三）はその著作『魂の能力の分析論 *Essai analytique*

sur les Faculté de l'Ame』（一七六〇年）などでこうした考えを表明したが、ビランは、コンディヤックから影響を受けると同時に、この書からも大きな影響を受けた。

(17) ビランは自らがコンディヤックの内に発見した「代数主義」の恣意的側面には疑問の目を向けていた。デリダの引用箇所（傍点で表示）の前後も参考のため以下に引用しておこう。

「コンディヤックの理論は〔……〕〔デカルトの〕理論の傾向全体と共通性を持っている。その傾向とは、さまざまな原理についての学問において、理性の明証を感情（sentiment）なり事実（fait）なりの明証の代わりに置こうとするものである。諸観念の同一性を現象の類似（analogie）の代わりに置こうとするものである。つまり、学問を人為的あるいは論理的な諸要素によって代数式のように構築するものである。かくて、条件付きの諸真理から成る体系が得られる。これらの真理は表現（expression）において脈絡があるが、事実において脈絡があるわけではない。〔……〕／ロック以後、とりわけコンディヤックが誤りを信じさせるのに与ったのだが、心理学や道徳といった人間の諸能力を対象とする学問は、原型的諸概念あるいは〔現実の〕モデルを持たない諸概念によってのみ構成されると過度に信じ込まれた。かくて、次のように考えられることになった。自我（soi-même）との間で結ばれた何らかの取り決めに基づいてこうした〔原型的〕諸観念をまず形成し、それに忠実であり続けるだけで、そこに込められたであろうすべてを発見することができ、また、形而上学の記号によって、代数の記号によるのと同じほど正確・確実に推論することができると。コンディヤックは、こうした見解に彼の学説のほとんどすべてを基づけたように思われる。」（『心理学基礎論』t. VIII, p. 166-67）

実際には、コンディヤックにおいても「人間の諸能力」は、人間精神の事実を参照して定義されている。しかし、ビランはコンディヤックの推論に理性の明証への過信と観察の軽視、その結果としての恣意的傾向を認め、それを告発していることになる。なお、観察の軽視は、コンディヤック自身がメタフィジークを批判する際に指摘していたことである（九一―一〇頁参照）。

デリダが併せて参照を指示している箇所（『思考の分解』第一部第五節 t. III, pp. 90-91）でも、ビランはこの恣意的側面について語っている。

(18) こうしてビランは「意識の最初の事実まで」遡ろうとする自らの哲学へと歩を進めることになる。

(19) 一方のテクストは、先に「学問的現代性」にかかわるものとされていた(二六頁)。他方で弁証法については、「古い哲学的対立の見地は、〔生成と組み合わせの〕二つの要請を、排中律の範疇あるいは弁証法的総合の範疇によらずに考えることを許さない」ため、「矛盾」の見かけが作られる、とされていた(同)。vouloir-direという用語は、そもそもはデリダが『声と現象 *La voix et le phénomène*』(一九六七年)でフッサール現象学を批判的に分析するに際して用いたものである。デリダは、まずフッサールにおける「bedeuten(意義する)」という語の意味を明らかにするためにvouloir dire(〔ある人が〕言おうと欲する、〔ある言表が〕意味する)というフランス語の動詞句をあて、次いでvouloir-direと名詞化して用いた。ここには「言おうと欲すること」――つまり主体の意図の下に言語の機能をとどめておこうとする考え方が暗示されており、デリダはこれを否定しようとする(高橋哲也『デリダ』講談社、一九九八年、第三章2などを参照)。結局、弁証法と言おうと欲することは旧来の見地を示していることになろう。

(20) 一般に反復は同じものの反復と見なされているが、この反復は同一物(l'identique)を想定する形而上学的思考によって支えられている。一方、デリダは「反覆(itération)」という語を好んで用い(本書でも一二七頁に「反覆可能性(itérabilité)」という表現が現れる)、反覆(反復)は差異をはらんでいると考える。意味する単位としてのマークは、それを当のマークとして認知させる最小限の反覆可能性がありさえすれば、無限に異なるコンテクストにおいて、無限に異なる意味をもって機能しうる。したがって、反覆はあらゆる意味作用の可能性の条件となる。なお、訳語の漢字の使い分けは『有限責任会社』(法政大学出版局、二〇〇二年)での試みに従った(同書五六頁参照)。

(21) 十八世紀末から十九世紀前半にかけては、フランスの思想界はコンディヤック哲学の影響下にあり、大学の哲学教育も同じ影響下にあったようだ。また、この時期、とくに『パルマの王子の教育のための教程』は多くの版を重ね、教育に広い影響を与えていた。しかし、コンディヤック哲学は次第に単純化されて理解されるようになったらしい。なお、コンディヤックの『感覚論』(本章訳注11参照)で、立像に最初に付与される感覚がバラの香りである。

(22) コンディヤックは『人間知識起源論』でsensという語をほぼ「感覚器官」の意味で使っている。この場合、本書では「感官」と訳す。一方、『感覚論』においては sens という語は「感覚（知覚）能力（作用）」の意味を帯びるが、こちらの場合は「官能」と訳すことにする。こうした訳語の選定は先行する翻訳や研究とも整合する。

（23）新しい論理は、計算（分類）と生成論との、ひいては（非歴史的な）分類法と歴史との二者択一に抵抗する。また、歴史の見方自体のなかにも、いうならば分類法の影響を受けた連続主義的・進化論的歴史観——同じ要素が太初より存在しているとする考え方——と、非連続主義的・後成説的歴史観——歴史のうちに非連続を見る考え方——との対立があろうが、新しい論理はこの二者択一にも抵抗しているとされる。なお、後成説（épigénèse）とは、古代以来の歴史をもつ生体発生に関する理論で、生物は発生の過程で新たに諸部分・諸器官が形成されるとする。生物の生体の微小な原型が太初より存在するとする前成説（préformationisme）に対して、発生に過去との断絶を見るものと言えよう。

（24）コンディヤックにおける「想像」の定義については、第三章訳注2を参照のこと。想像については第三章で検討される。

（25）思いつき、あるいは発見はふつう想像に帰せられるが、コンディヤックは分析に帰する。前後の引用の中間部分でコンディヤックは次のように言っている。

「本書では発見は想像なしに行われる。探すすべを知っていれば、どこで見つけることができるかも分かり、苦労せずに見つけることができる。〔……〕コルネーユが天賦の才能を有していたのも、ただ彼がニュートンと同じくらい巧みに分析をしたからなのだ。分析は数学者を生み出すのと同様に詩人を生み出すのだ。〔……〕実際、劇の主題が与えられれば、筋書き、登場人物たち、彼らの言葉づかいといったものを見つけることは、それぞれが解かなければならない問題なのである。」（『計算の言語』 t.II, p. 470）

（26）ここで使われる sensibilité というフランス語は感受性ないし感覚能力を表すが、実際には『起源論』には現れない。『感覚論』でも基本的には使われず、ただ一カ所、第一部第一章冒頭に現れるだけである。コンディヤックは〈感覚の能力〉を表すためにもっぱら「感覚（sensation）」という語を使っている。

（27）『類義語辞典 *Dictionnaire des synonymes*』コンディヤックの生前には出版されず手稿の形で遺された。コンディヤックがパルマでフェルディナン王子の家庭教師をしていた一七五八～六七年当時、王子のために執筆したと考えられる。ルロワ編『コンディヤック哲学著作集』*Oeuvres philosophiques de Condillac*, éd. G. Le Roy, PUF, Paris, 3 vol., 1947-51 の第三巻（一九五一年）に収められ、第三巻のほぼ全体を占めている（四つ折り版五六五頁）。収録語数は派生語も含めて八八五〇語ほど。

(28) 二つの発見とは、ニュートンとロックの発見であった。本書一八頁参照。

(29) この引用は『類義語辞典』の «trouver»（見つける）の項からである。デリダが引用した箇所の前後で、コンディヤックは「見つける」「思いつく」について語っている（〔　〕内にデリダによる引用が入る）。

「見つける　発見する、出会う、を見よ

これらの語に共通の観念は、それまでは私たちの官能にも精神にも感知されていなかったものごとを目にしたり、把握したり、知ったりすることである。探していたものを見つけるのである。知らなかったものを見つけるとき、発見するのである。たまたま、偶然見つけるとき、出会うのである。これはものごとを探しても探さなくても、知っていても知らなくてもかまわない。〔いろいろな技芸や学問が誕生した時には、発見したというより出会ったのであった。……〕

見つける、思いつく　反省することで見つけるのである。想像することで思いつくのである。思いつくときには探さない。なぜなら、持っている諸観念を組み合わせることだけが問題だからである。だが、思いついたものに何かが欠けているなら、探すことになり、時として見つけることになる。〔……〕」（『類義語辞典』t.III, p. 545）

なお、ここで「思いつく」は、想像によって見つけることという一般的な意味に解されているようであり、本章訳注25での引用箇所で「思いつく」に関連して語られたこととはニュアンスが異なっている。一方、デリダが併せて参照するよう指示している箇所では、コンディヤックの主張する意味での「思いつく」にかかわる問題が語られている。

「この〔思いつくという〕語は〔……〕私たちにとっては見つけるという語と違う意味は持たないだろう。〔……〕彼ら〔よく思いつく人たち（inventeurs）〕はまなざしを方法だててあやつることを学んだ点が有利なのだ。彼らは偶然にまかせてものを見ることはない。彼らは分析する。そして、この理由によって彼らは、私たちが彼らの後からしか見ることがないものを初めに見ることができるのだ。それがすべてであり、それは大したことなのであ

る。」（『計算の言語』t.II, p. 471）

（30）ここでコンディヤックは注を立て、『起源論』一―二―三～四を指示している。記号間の類比などが観念連関を生み出す、ということについては、特に『起源論』一―二―三―29を参照のこと。他方、観念連関が形成されると想像や記憶が可能になる、という点については、本書第三章五四頁、同章訳注2も参照のこと。

（31）引用に加えて参照を指示されている頁は、『パルマの王子の教育のための教程　近代史』「最終巻〔第二〇巻〕――十五世紀以降の文芸と学術の変革について　第一〇章――学術と文芸の進歩についての考察」の中ほどにあたっている。ここでは、十六世紀にイタリアでは良い趣味が存在したために技芸・学問が始まったのに対して、同時代のフランスでは、言語が粗野で、良い趣味が欠けていたためにいまだ技芸も学問も存在しなかったこと、十七世紀に良い趣味が始まったことでそれらの育成に成功したこと、が語られている。そして次の頁では、趣味が偏執へと堕すことで、また文法学者が天才を束縛しはじめることで、天才が開花する条件が崩壊してゆくことも指摘される。

3　想像

（1）コンディヤックにおける想像の概念についての本書四五頁での記述が念頭に置かれている。想像の定義については、次の訳注2を参照のこと。

（2）注意についてコンディヤックは次のように語っている。「われわれの意識をある知覚に対して非常に強く集中させ、その結果、その知覚だけが自分の意識した唯一のものであったと思い込ませてしまうような、そういう働きを私は注意と名づける。」（『起源論』一―二―一―5）なお「ものごとは、〔……〕私たちの欲求（besoins）との関係によって私たちの注意を引く」とされる（同書一―二―三―28）。一方、コンディヤックによれば、想像は、かつて経験し、現在は失われた具体的な知覚そのものを再現することである。「注意はある知覚とあるもの〔の知覚〕のあいだに連関を打ち立てるわけだが、同じものを〔たとえば〕目にすると、この連関の力だけで〔初めの〕同じ知覚が描き直される。この時想像が働いているのである」（『起源論』一―二―二―17）。なお、これに対して「記憶（mémoire）」はあくまでも記号――知覚の名前や抽象観念、知覚とともにあった状況など――を呼び起こすことであるとされる（18）。こうした人為的に設定された記号――制度的記号のたぐい――は、具体的な知覚そのものよりも容易に（「（人間の）意のままに à ses ordres」）呼び起こすことができるとされる（同書一―二―四―39）。

（3）　コンディヤックによれば、「諸知覚が繰り返されると、私たちはしばしば意識から、かつてそれらの知覚を持ったことがあると告げられる」。réminiscence とはそうした意識の働きである（『起源論』一―二―一―15）。「ものが現にあるとき魂が受け取る印象」（16）は、すでに経験したことがあると認められることがある。また、思い浮かべられた（想像された）知覚であっても、すでに知っているものと認められえよう（一―二―四―37）。いずれにせよ réminiscence は、知覚に付随する、その知覚に「覚え」があるという意識であろう。それゆえ、本書では「覚え」という訳語を当てることにする。なお、réminiscence にはさらに「私たちに自分自身の存在を認めさせる」働きも付随するとされている（一―二―一―15）。

（4）　コンディヤックが想起しているのは『起源論』一―二―七―66の中の表現（次の引用中の傍点部）だと思われる。その前後を引用しておこう。

「分析は〔……〕それに先行するさまざまな働きが協力し合うことから結果として生じる働きにほかならない。この働きは、さまざまな観念を組み立てたり分解したりすることによってそれらの観念を比較し、またそれを通じてそれらの観念どうしの関係（rapports）や、それらの観念から生じうる新しい観念を発見するということにほかならない。こういう分析こそ発見のための真の秘訣である。なぜならそれは、私たちをいつもものごとの起源にまで遡らせてくれるのだから。分析の利点は、それが一度に少しの観念しか提示せず、またいつも最も単純な段階を追ってしか提示しないということである。」

（5）　たとえばコンディヤックは次のように述べている（『体系論』第八章「第五の例、マールブランシュより」t.I, p.148-49）。十七世紀後半のフランスのデカルト派哲学者であるマールブランシュは、神は「まっすぐなながし（inclinations droites）」によって人間の精神に善と真理へと向かう「運動」を与えるのだとして、「隠喩的な表現」を用いて、精神の作用を物体の直線運動になぞらえている。だが、マールブランシュによれば「精神は自分に印刻される（imprime）運動を自分で決定することができる。したがって精神には力がある。作用がある」。こうした主張に対してコンディヤックは次のように批判する。「だがこの力、この作用とは何なのか、とマールブランシュに問うことができよう。〔……〕この力、この作用は、この〔神に由来する物質の〕運動とは異なる何かなのか。それならば魂の内に、神に由来しない力、作用があることになってしまう。マールブランシュの比較にしたがっていたのでは、なぜ魂が神の与える印刻を決定する能力（pouvoir）を物質よりも持ちうるのか説明することは不可能なのである。」

（6）直前の引用（「引力」の項からの引用）の中の「力という語も私たちの知らない原因に与えられた名である」という記述を指しているように思われる。

（7）デリダが引用している箇所でコンディヤックが言っていることを補足しておこう。力という語が「精神や魂〔の作用の場面〕に移された」場合、「精神の力とは、他の精神を逃れるものを見てとる大きな洞察力のことである。魂の力とは、すべてを乗り越える、あるいは少なくとも決してくじけない大きな勇気のことである」。「いろいろな力は、それらを結果として生じる多くの事物と取り違えられる」ことになるが、たとえば、「この王は〔……〕力の限り戦争をする、と言われる。ここでこの語は軍隊と類義である」。そして、「無生物」の力についてふれた後、コンディヤックは「一般に〔力という〕この語は、抵抗するあらゆるもの、抵抗を乗り越えるあらゆるものについて用いられる」とし、その例示の最後に「思考や表現や推論や論述の力」を持ち出すのである。

（8）五四頁参照。

（9）コンディヤックによれば、この新たな想像の力の展開のてことなるものは記号であり、記号を呼び起こす記憶の働き（本章訳注2参照）であるようだ。「記憶が獲得されると、その人は自分で想像を意のままにし始め、想像の新しい使い方をするようになる。なぜなら、自分の意のままに呼び起こすことができる記号に助けられて、彼はその記号に結合した諸観念をしばしば思い浮かべるようになり、すくなくとも思い浮かべることができるようになるからである。」（『起源論』一—二—四—46）また、この新たな想像の代表的な例は、言語（制度的記号）の利用それ自体であるともされる（一—二—九—77）。

（10）『起源論』第二篇第一部冒頭で、コンディヤックは、ノアの大洪水の後、「男女二人の子供が、いかなる記号の使用もいまだ知らずに砂漠の中をさまよっていた」と想定し、次いで、第一部第一章で、身ぶりに発する「制御への運動」を大意次のように叙述している。二人は、相互の交渉の中で、対象や感情のさまざまな知覚に、さまざまな情念の叫び声や、身ぶりを結びつけ、これらをさまざまな知覚の「自然的な記号」とした（§2）。「彼らはこうした記号に慣れるにつれ、自分の意のままにこれらの記号を呼び起こすことができるようになった。〔……〕彼らは自分自身で想像を意のままにできるようになった」。彼らはこうして「反省」によって行動をするようになった。初め、「記号を見て、その時相手が感じている感情を認識するという習慣を作り上げた」彼らは、「次には、自分が感じた感情を相手に伝えるためにその記号を使うようになった」（§3）。記号の使用が魂のさまざまな働きの行使を拡張した（§4）。偶然によってにせよ新しい話し言葉が生まれ、恣意的な記号（signes arbitraires）が用いられるようになった（§6—7）。

（11）　前の引用部分に続けて、コンディヤックは、自同性が「明証のただ一つのしるし」であることを次のように確認している。ここでは自同的命題間の移行が問題とされている。

「以上のことをあなたが納得するには、私たちが知識から知識へと高まったのは、ただ私たちが自同的命題から自同的命題へと移行したからだということを考えればよい。ところで、私たちがあらゆる可能な真理を発見することができ、明証的な仕方でそれらを確認することができるとするならば、私たちは、自同的命題の連なり（suite）を作り出すことになり、それは真理の連なりと等価であることになろう。したがって、私たちはあらゆる真理がただ一つの真理に帰着することが分かるだろう。〔……〕すべてのことはあなたに、自同性が明証のただ一つのしるしであると証明している。」（『推論する技術』t.I, p. 676-77）

（12）　この引用が引かれた箇所で、コンディヤックは次のように問題を立てている。「一つの命題はそれ自体で明証であるか、あるいは、それ自体で明証である他の命題の明証的な帰結であることによって明証である」。第一に、「それ自体で明証」である命題とは、「全体はその部分をまとめて捉えたものに等しい」「全体はその部分の一つより大きい」といったもので、結局「全体はそれ自体に等しい」という自同性を含意している命題である。そして、ここに、デリダが本文中で引用している自同性の定義が置かれる。次に、明証性あるいは自同性は拡張され、複数の命題の間で問題にされる。「名辞を比較することで二つの命題が同じことを主張していると分かるとき、つまり二つの命題が自同的であるとき、二つの命題の内の一方は他方の明証的な帰結である。したがって、論証（démonstration）とは命題の連なり（suite）であり、そこでは同じ観念が命題から命題へと伝わり、それらの観念は異なった仕方で言表される点でのみ異なっているのである。推論（raisonnement）の明証はただ自同性にあるのである。」
訳注11で引用した部分（t.I, p. 676-77）では、この第二の、命題間の同一性が語られていたことになる。

デリダはこの引用に加えて、『論理学』t.II, p. 411 も参照するよう指示しているが、ここでは「現象の認識」、事実の明証が問題となっている。

「私が理性の明証と呼ぶ明証はただ自同性の内に存している。〔……〕私は三角形が何であるかを明白に知っているのだから、私は三角形の本質を知っている。そして、私はこの本質の内にこの形のあらゆる特性を発見することができる。／私が金の本質を知っているとするならば、私は同様に、金の本質の内に金のあらゆる特性を見て取ることになろう。〔……〕そして、私は金のあらゆる特性を推論――自同的命題の連なりでしかない推論――によって発見することができよう。しかし、私が金を知っているのはこのようにして〔金の本質を知ってのこと〕ではない。実は、私がこの金属について作ることができるそれぞれの命題は、それが真であるなら、自同的である。こうした命題とは、金は可鍛的である、のようなものである。なぜならこの命題が意味するところは、私が観察によって可鍛的であると気づいて金と呼ぶ金属は可鍛的である、ということだからである。この命題においては、同じ観念がそれ自体によって肯定されていることになる。／ある物体について私が同じように真であるいくつもの命題を作るとき、私はそれぞれの命題において同じことがらについて同じことがらを肯定する。だが、ある命題と他の命題の同一性には気づかない。重さ、延性、可鍛性は、たぶん違った仕方で変化した同じものでしかないのだろうが、私はそのことを見てとることはない。したがって、私は理性の明証によってこうした現象の認識に至ることはできないだろう。私は観察した後でしかそれらを知ることはない。」（t.II, p. 411）
本質の理解の上に成立する理性の明証は命題の連なりを形成するが、事実の明証は観察を待たなくては、広がりを持たないのである。

(13)　引用がなされた箇所では、「事実の明証」はその明証性が及ぶ範囲が限られることが語られている。「明証はあらゆる種類の疑いを排除するのでなければならない。したがって、〔明証といっても〕事実の明証は物体の絶対的な特性を対象とすることはできないだろう。事実の明証は、物体がそれら自体で何であるか私たちに知らせることはできない。というのも、私たちは物体の本性を全く知らないのだから。」

（14） ここで「同語反復」である自同的命題とは、主語と述語の観念の間の関係を分析することで自同性が明らかになる命題ではなく、ただ、同じ名辞が反復された命題を指そう。

デリダが指示する箇所では、三種の明証、さらには四つ目としての「類比による判断」について次のように語られている。

「私たちが自ら観察することで事実を確かめればいつでも私たちは事実の明証を持つ。〔……〕〔他人の〕証言はこの明証を程度の差はあるにせよ補う。〔……〕／あなた〔パルマの王子〕は感覚（sensations）を持つことができる。このことはあなたが内的感覚（sentiment）の明証によって確信していることである。だが、理性の明証を持つと確信できるのは何によってだろうか。同一性〔自同性〕によってである。二足す二は四となる、は理性の明証による明証的真理（vérité évidente）である。なぜなら、この命題は、その根本においては、二足す二は二足す二となるという命題と同じだからである。これらの命題はただ表現において互いに異なっているにすぎない。〔……〕／三つの明証と他人の証言がなければ、私たちはなお類比によって判断する。〔……〕観察する現象の間の類似関係に着目し、そこから観察できない現象を確信することは、類比による判断と呼ばれるものである。／以上が知識を獲得するために私たちが持つすべての手段である。」（『推論する技術』t.I, p. 620）

（15） ニュートンの発見が「心理学の次元に移し替え」られる場合、ニュートンの「唯一の性質」に対応するものは、私たちの「最初の経験」、すなわち次にデリダが述べるように「最初の性質――それ自体で知られ、次いでただ変容するだけの性質、つまり感受性」である。ここでも究極的には、ニュートン的世界におけると同様に、自同的命題による理性の明証が求められようが、当面は「非デカルト的な疑いえないものの基準」、つまりは事実の明証と内的感覚の明証が援用されることになるのであろう。その方法は観察である。実際、デリダが続いて引用する部分の直前に「観察」という言葉が見いだされる。「こうした探求をうまくやりとげることができるのは観察という道によってのみである。」（『起源論』序論）

（16） ここでは価値、価値判断、評価などを論じる哲学の一領域を指していよう。ただし哲学史において価値が注目されるのは、カント以降、事実問題と権利問題が区別され、理論の領域と価値の領域が区別されてからのこととされる。

(17) デリダが指示した箇所でコンディヤックは、算術比あるいは算術級数と幾何比あるいは幾何級数との間に類比が認められるとしている。

(18) 指定箇所では次のように語られている。

「算術家たち(arithméticiens)はどうしてあれほど正確な諸観念を持つのであろうか。それは、どういう仕方でそれらの〔算術上の〕観念が生成するかを知っているために、それらの観念を組み立てたり分解したりすることを通して、それらをそのあらゆる関係(rapports)に則していつでも比較することができるからである。数の生成について反省したからこそ、彼らは結合〔演算〕の規則を発見しえたのである。〔……〕/あらゆる学問においても算術と同じように、真理は〔観念の〕組み立てと分解をとおしてしか発見されない。算術以外の学問においては、算術に見られるのと同じような正確さで推論することは通常はできないが、それは、観念を常に正確に組み立てたり分解したりするための確実な規則がまだ発見されていないからなのである。ではなぜそれが発見されないのかといえば、それらの諸観念をまだ〔正しく〕規定できていないせいである。しかし、人間の知識の起源をめぐって私たちがすすめてきた考察によって、これを補う手段はたぶん見出されるであろう。」

(19) コンディヤックは、『起源論』の序論の最後の部分をロックに対する評価に当てているので参照のこと。『感覚論摘要 *Extrait raisonné du traité des sensations*』(『感覚論』に所収)のデリダが指示する個所(冒頭部分)でも手短にロックが批判される。ロックは感覚に由来する印象には判断が意識されずに紛れ込むと考えたが(『人間知性論』第二巻第九章第8節)、『起源論』においてこの判断を否定していたコンディヤックは、『感覚論』においてはこれを受け入れ、むしろその不十分さを批判する。「私たちのあらゆる感覚に混じっている判断の大部分は彼〔ロック〕の目を逃れてしまった」(『感覚論摘要』)。コンディヤックは、この自覚されない判断を前提として感覚の間の相互教育も主張することになる。こうした問題については本書第四章訳注30も参照のこと。また、ロックが反省能力を人間に生来備わったものと考えたのに対して、感覚だけですべてを説明するのに十分であるとされる。「魂のあらゆる能力が彼〔ロック〕には先天的性質と見えた。それらの能力の起源は感覚そのものに求めうると彼は疑ってもみなかった。」(同所)反省については本書第二章訳注10も参照のこと。

『思考する技術 *De l'art de penser*』のデリダが指示する箇所でもロックに言及される。ロックは感覚から諸観念の生成をたどろうとした点で評価される（t.I, p. 774）。しかし、ロックは、自然界にモデルを持たない複合観念には対応する言葉（記号）が必要だと考えたものの、そもそも「魂のさまざまな働きの実行のために記号が必要である」ことは正しく把握できなかった、と批判されている（t.I, p. 738 sq.）。

（20）『起源論』では二―二―三―41に同じ記述が見られる。

（21）秩序の原理（諸観念の連関の原理、論理展開の原理）は「自然に合致」し、「自ずから（de lui-même）」現れるはずである。そうであれば、秩序の原理を発見する歩み（「歴史」）も、秩序の原理そのものに、つまり「自然」に取り込まれることになる、ということか。

（22）『起源論』二―二―四―47とは本文中の次の引用部分に相当する。一方、同書一―二―一一―107に対応する箇所は一七四六年の『起源論』初版と、同じ一七四六年に発行された改訂版では内容に異同があり、この異同は二つの系統を形成して後の版に引き継がれる。この異同については、邦訳の訳者である古茂田宏氏が当該箇所の訳注（上巻、二七五―八頁）および下巻の「解説」で独自調査の結果も含めてふれており参考になる。異同の内容だが、初版では第107、第108の二パラグラフに分かれているのに対して、改訂された版では第107パラグラフの後半が書き変えられて引き延ばされ、初版にあった第108パラグラフは削除されている。デリダが参照した『哲学著作集』版も、本書が序文として付されたガリレ社版も、本文では改訂版に従い、注で初版の内容を示している。一方、古茂田訳は本文では初版に従い、訳注に改訂版の内容を収めている。以下、具体的な内容を見てみよう。まず、第107パラグラフの冒頭は共通だが、それを示そう。

「§107　私は魂のさまざまな働きを考察してきたが、この考察の仕方には主に次のような利点があるだろう。すなわち、常識、機知、理性、あるいはそれらの反対物が、同じ一つの原理、すなわち相互的な観念連関という原理からどのようにして等しく生まれてくるのかをはっきり理解できるということである。また、さらに遡って、この連関が記号の使用によって生じることを理解できるということである。」

このようにまず観念連関の原理に焦点が当てられる。この後、初版では言語（＝記号）の「巧みな使用」が「人間精神の進歩」を実現することが指摘され、次いで第108パラグラフが立てられて、「魂のさまざまな働き」の内に、「知識の素材」となる低次の働き（知覚、意識、覚え、そして、いまだ制御できない段階にある注意と想像）と、

「素材の活用」としての高次の働きとを区別すべきことが確認される。この内容は、コンディヤックが『起源論』のこの箇所までに展開してきた内容とよく整合しているようにみえる。

一方、改訂版での続く部分の内容は、それまで述べたことの「要約」といいながらも、そこまでに展開してきた内容とは、魂の諸機能の生成の「提示の秩序」において大きな違いがある。初版との共通部分で記号の使用から生まれる観念連関が原理として立てられた後は、ただちに理性〔魂のさまざまな働きを調整する能力、『起源論』一―二―一一冒頭参照〕および反省〔注意をさまざまな対象や部分に向ける働き、同書一―二―五―48、本書第一章訳注24参照〕という高次の能力・働きが想定され、次いで、これらの原理と能力・働きとから魂のさまざまな高次の〔「自在な」〕働きが派生するとされるのである。

「これこそが原理なのである。最後に、これまで述べたことを要約しておこう。／より多くの理性を持てば持つほど、それに比例して私たちはより深い反省をすることができるようになる。それゆえ、この理性という能力が反省を生み出すのである。一方では、この反省によって、私たちは自分で自分の注意の働きを制御することができるようになる。それゆえ、反省が注意を生み出すのである。他方では、反省によって私たちはさまざまな観念を連関させることができるようになる。それゆえ、反省は記憶が生まれるきっかけになるのである。反省から分析〔本書第三章訳注4参照〕が生じ、そこから覚えも形づくられる。ここから想像も生じるのである。（ここで私はこの想像という言葉を私が以前規定した〔高次の自在な想像としての〕意味において使っている。）／想像を自力で働かせることができるようになるのは反省という手段によってであり、想像を自在に働かせることができるようになって長い時間を経なければ、記憶を自在に働かせることはできない。そして、この〔想像と記憶という〕二つの働きが概念化（conception）を生み出すのである。／知性〔本書第一章訳注24、25参照〕と想像とは、ちょうど概念化する（concevoir）働きと分析とが異なるのと同じような仕方で異なっている。〔知性を構成する〕区別し、比較し、組み立て、分解し、判断し、推論する働きについて言うならば、それらはお互いから生まれてくるのであり、どれも想像と記憶との直接的な結果である。以上が、魂の働きの生成過程である。／重要なのは、これらのことがら全体を正確に把握すること、とりわけ知性（この言葉を私が普通とは違った意味で使っていることは読者も承知のことであろう）を構成している魂のさまざまな働きに着目すること、そして、知性から生じた魂の働きとこの知性自体とを区別すること、である。本書のこれ以降はすべて、これらの区別の上に成り立っている。つまり、これらの区別こそがその土台なのである。この区別をわきまえない者にとっては、あらゆることがらが混乱に陥ってしまうであろう。」

こうしてコンディヤックは「初版発行から時を移さず」（古茂田「解説」）、改訂版において「提示の秩序」を組み替えようとしたのである。

(23) デリダは「提示の秩序についての『起源論』中の考察」として、同書一―二―一―107と二―二―四―47を並べて掲げていた。この二カ所の相互の関係についてはふれられないが、ここでデリダは、コンディヤックが「二頁ほどの部分があるべき位置になかった」と語る事態が、初版発行後すぐに一―二―一―107に施された改訂（訳注22参照）にかかわっている可能性を暗示しているのではなかろうか。その場合、この改訂こそ「二頁ほどの部分」を「あるべき位置に」置くためになされたのであり、「提示の秩序」の組み替えの試みであったことになろう。

4　傍注または着目

(1) 本書では besoin を一貫して「欲求」と訳す。ただし、この語には「必要」「必要性」というニュアンスがあることに注意されたい。デリダが指示する『起源論』一―二―三において初めて「観念連関」と「欲求」の概念が互いに関連しつつ現れる。「いくつもの観念の連関が生じる原因は、それらの観念が一緒に現れたときに私たちがそれらに対して払った注意をおいて他にはない。ところで、ものごとは、もっぱら私たちの気質、情念、状態、一言で言えば私たちの欲求との関係によって私たちの注意を引く。よって、結果として、同じ注意が同時に欲求の諸観念と欲求に関係するものごとの諸観念とを包括し（embrasser）、それらの観念を結び付けるのである。」（『起源論』一―二―三―28）

(2) "signification" という語は、『起源論』第二巻で頻繁に現れる。

(3) この箇所でコンディヤックは次のように語っている。「私は三種類の記号を区別する。一、偶然的記号。すなわち、一定の状況によって私たちが持つ何らかの観念と結合された対象《オブジェ》。この結合の結果、これらの対象はそれらの観念を思い起こすのに適したものとなる。二、自然的記号。すなわち、喜び・悲しみ・苦しみなどの感情を表しために自然が定めた叫び。三、制度的記号。すなわち、私たちが自分自身で選んだ記号で、これは私たちが持つ観念とは恣意的な関係しか持たない。」（『起源論』一―二―四―35）

（4）デリダの引用箇所の前の部分から読むと文脈が理解しやすい。「私たちのあらゆる欲求は互いに関連しており、それらの欲求についての知覚は基礎的諸観念の連なり（une suite d'idées fondamentales）として考えることができよう。こうした基礎的諸観念に私たちの知識に属するあらゆるものを関連づけることができよう。この基礎的諸観念のそれぞれの上位には……。」（『起源論』一―二―三―29）

（5）ここでデリダが指示する『起源論』中の箇所はすでに五四頁で引用されている。

（6）実践についてはすでに一五―一六頁でも言及されていた。

（7）"confus" という形容詞はライプニッツ哲学を背景として持つ。デカルト的な「明晰で判明な（claires et distinctes）」観念（表象、認識）に対立させて「あいまいで混雑した（idées obscures et confuses）」観念（表象、認識）などと使われる。ライプニッツ哲学においてこの形容詞はしばしば「混雑した」と訳されるのでそれに従った。

（8）デリダはルロワ版『コンディヤック哲学著作集』第一巻所収の『感覚論』を参照している。この著作集は一七九八年にパリで刊行されたコンディヤック全集に依拠しており、『感覚論』は初版（一七五四年刊）に改訂を施した形で収録されている。この引用がなされた第四部導入部は初版にはない追加部分である。

（9）『起源論』序論では、「ライプニッツ主義者」が人間精神を「宇宙全体を映す生きた鏡」であるとしたことが批判されている。

（10）『起源論』では、知覚自体が明晰判明とされる。たとえば、デリダによる第一の引用に先立つ箇所では次のように語られている。「およそ知覚が含むものは明晰判明なのであり、あいまいで混雑していると思われるものはみな、いかなる仕方においても知覚に属してはいないのである。」（『起源論』一―一―二―13）結局、『起源論』においては、明晰判明な知覚から発して、そこから明晰判明な限りでの観念が順次伝達され、変形されて、理論的認識へと高まってゆく過程が分析されるのである。なお、知覚は必ず一度は知られるが、その一部は役割を終えた後には忘却されてしまうものと考えられた（一―二―一―13）。

（11）クラメール、ガブリエル（Cramer, Gabriel 一七〇四―五二）ジュネーヴの数学者・哲学者。解析幾何学の開拓者の一人。さまざまな相手からクラメールに宛てられた手紙がジュネーヴ公共図書館とブリティッシュ・ミュージアムにコレクションとして残されており、そのうちコンディヤックからの手紙一〇通（うち九通はジュネーヴ公共図書館所蔵）が補足資料とともに、コンディヤック『ガブリエル・クラメール宛未刊行書簡集』Condillac, *Lettres inédites à Gabriel Cramer*, texte établi par Georges Le Roy, P. U. F., 1953 として刊行されている。なお、ここで引用されるコンディヤックからクラメールへの手紙には日付がないが、内容から一七五〇年九月以降の執筆である。

(12)　コンディヤックは「三つの例」について次のように語っている。

「〔……〕演劇が満員になっているときほど、自分がおもしろい場面のただ一人の証人であると感じるものである。たぶん、目にふれるものの数や多様性や華麗さが感覚をゆすぶり、想像を熱し、高揚させ、それをつうじて私たちを、詩人が生み出そうとする印象により適したものとするのである。またおそらく、観客は互いが見本となって、舞台にまなざしを集中するよう互いにうながし合うのである。いずれにせよ、気づいていることが自覚されないこれらの対象が一致して作用しなくなれば、幻は消滅するか、目に見えて弱まってしまおう。／読書を終えて自分自身を反省してみると、この読書によって生じた諸観念しか意識しなかったように、知ることがなかったように思われることだろう。しかし、文字の知覚を意識しなければ、単語の知覚を、ひいては観念の知覚を意識することは決してなかっただろうと反省してみれば、この外見に欺かれることはないだろう。／私たちはふつう一部の諸知覚を忘れてしまうだけではなく、時としてすべての知覚を忘れてしまう。私たちの内に生じる知覚を受け取っても、注意をはらわないせいで、ある知覚を他の知覚よりよく知るということがなければ、知覚の意識はきわめて希薄となり、私たちがこの状態から引き離されると、私たちはこうした知覚を経験したことを思い出せなくなるのである。とても複雑な絵柄の絵――一見しただけでは、その諸部分のうち、ある部分が他より強く私を打つということがないような絵――が私に示されるとしよう。そして、その絵を子細に眺める暇がないうちに、絵が私から取り上げられてしまうとしよう。絵の可感的部分のうち、私のうちに知覚を生み出さないような部分はまったくないことは確かである。だが、その〔知覚の〕意識はとても弱いため、私はそれを思い出すことができない。〔……〕私が長いあいだこの絵に目を注いだと仮定しても、各部分の知覚の意識を交互に強めないならば、何時間たっても最初の瞬間と同じく、この絵を〔思い出して〕説明することはできないだろう。」（『思考する技術』t.I, p. 723）

(13)「理論的な力」は先に（八〇頁）「さまざまな記号の類比関係〔……〕から得られる」「観念の鎖の力」とされていたものであろう。「実践的な力」という言葉はここで初めて現れる。

(14) 八二頁からの原注の中にこの表現が現れていた（八三―四頁）。

(15)「存在論的な個々の言表」とはここでは〔あらゆる述部の〕「である（est）」という表現を指している。

(16) 本書第二章訳注11参照。

(17) ルロワ版『コンディヤック哲学著作集』第一巻所収の『感覚論』から引かれたこの引用箇所は、初版（一七五四年）にはない追加部分である。実際、この引用では、『感覚論』以降の著作である『文法』『論理学』への言及も見られる。本章訳注8参照。

(18) 原題は *Le commerce et le gouvernement considérés relativement l'un à l'autre.* コンディヤックが社会・経済理論に取り組んだ著作。重農主義《フィジオクラシー》――自然（自然法）による支配の意――の影響を受けているが、主観的な価値概念など独自の展開を試みている。

(19) 契機としての「時」については八一頁を参照のこと。

(20) ここで「身ぶりの言語活動」とは、いわゆる身ぶり言語も含もうが、さらに、知らずに語り出しているような「着目」をともなわない発話までを指しているように思われる。

(21) 八八頁の引用（「それぞれの学問は……補おうとしているのである」）を指している。

(22)『類義語辞典』の «commerce» の項では次のように述べられている。

「交易〔交流〕（commerce） 実詞。男性。商品の交換。広義には、観念、感情などの交換あるいは相互伝達。なぜなら、社会においてはあらゆるものが、各人が与えたり受け取ったりすることとしての交易の対象とみなされうるのだから。これが世間における交流である。友人の、学者の、女性の交流など。魂の、肉体の交流。確実な交流の人、すなわち信頼の置ける人。

取引（trafic）、駆引（négoce） 交易はより正直、取引はより欲得ずくであるように思われる。前者においては、許可された事物を交換して、各自が利益を得る。しかるに取引においては、代りに禁じられた事物を与える。あるいは許可された事物を与えるとしても、過度に他人の不利益になるような儲けを上げる。だから後者は転義においていつも何かしら不快な観念をともなっている。〔……〕／駆引はあらゆる知識をともなっている。また、交易をうまく行うため、特に自分の信用を保持するために必要なあらゆる行動をともなっている。」

(23) 前注参照。

(24) マルクスの立場からは、商品交換者たちが双方とも得をすることができるのは、使用価値が問題となるかぎりにおいてである。交換価値については等価交換が原則であり、価値体系が固定されている場合には、商品流通は直接には剰余価値の源泉とはなりえない。マルクスはこうした立場から、コンディヤックが使用価値と交換価値を混同していると批判している。マルクスは、生産者が余剰分しか流通させないとするコンディヤックの考え方も批判している。他方、デリダはむしろ、コンディヤックの内に認められる過剰の論理、無用な補いの論理の内に、思考あるいは記号の不可避的な運動を見ようとする。なお、マルクスによるコンディヤックからの引用の出典は、『交易と政府』（一七七六年）第一部「仮説に基づいて定義された交易の基礎概念、または経済学の諸原理」、第六章および第一五章である。

(25) 一七八〇年刊行の『論理学』への言及があることから、この注は一七八〇年以降のものである。『思考する技術』の内容の大部分は『起源論』から引かれ、『文法』は『起源論』の基礎の上に執筆され、『論理学』も『起源論』の延長上にある。

(26) 『ハイラスとフィロナウスとの三つの対話 *Three Dialogues between Hylas and Philonous*』（一七一三年）。この書のフランス語訳は一七五〇年に出版された。

(27) 『体系論』（一七四九年）でコンディヤックは、デカルト、マールブランシュ、ライプニッツ、スピノザらを「体系主義者」として批判した。しかし、バークリーの観念論についてはまだ知らなかった。

(28) 「生まれつきの盲人の問題」とはアイルランドの哲学者ウィリアム・モリニュー（William Molyneux 一六五六―九八）が初めて持ち出した問題で、「モリニュー問題」と呼ばれる。生まれつきの盲人が、同一の材質でできたほぼ同じ大きさの立方体と球体を触覚によって識別していたとして、この盲人が視覚を得たとすると、彼は見るだけでこの二つの物体を識別できるか、と問うもの。モリニューは友人であったジョン・ロックに対して手紙でこの問題を提起し、この手紙はロックの『人間知性論』（一六九〇年）の第二巻第九章第八節（一六九四年刊行の第二版での付加部分）（大槻春彦訳、岩波文庫、一九七二―七七年、第一分冊、二〇四頁以下）でそのまま引用されている。モリニューは、盲人は触覚と視覚との対応関係の経験をまだ持っていないことを理由に、自らこの問いに否定で答え、ロックもこれに同意している。ロックは、感覚で受けとる観念には、経験に基づく判断が意識されずに関与していると考えた。たとえば、実は陰影を帯びた平たい円形にすぎない視覚像に、（触覚などの）経験に基づく判断が結びつくことによって球体の観念が作り出されると考えた。ロックはこうした文脈にモリニュー問題を取り込んだのである。なお、バークリー（『視覚新論』一七〇九年）、ヴォルテール（『ニュートン哲学要綱』一七三七年、第二部第六―七章）も、モリニュー問題についてのロックの考え方を支持した。

一方、『人間知識起源論』のコンディヤックは、『人間知性論』の仏訳（ピエール・コスト訳、一七〇〇年）によって関係部分を引用したうえで、感覚によって得られる観念に判断が混ざり合うのではない、と主張する（『起源論』一―六）。彼によれば、球体を見るとき魂の中で生じる球体の印象はそれだけで、単なる平たい円の視覚像以上のものである。レリーフと思ったものが実は平面に描かれた一種のだまし絵だということを、触ってみた経験によって知り、そう判断しているとしても、依然として凸状のものを見ているという感じは消えない。このことがロックの言うような判断が存在しないことを逆に示しているという。議論は形の観念にとどまらず距離などの観念にも拡張されうる。コンディヤックは、ある対象と自分とのあいだに介在するいくつもの対象からやってくる光が、判断とは無関係に、第一の対象との距離の観念を与えてくれるという。生まれつきの盲人の問題については、この人は視覚を得る以前から、触って得られる感覚について反省することで、たとえば直線と曲線、球体と立方体といった観念を獲得しているとされる。この人が視覚を得て、新たな視覚像について反省・分析をするようになれば、それだけで、触覚から得たのと同様の観念（曲線と直線、球体と立方体の観念）を認めることだろう。ただし、一つの物体について触覚から得られる観念と視覚から得られる観念とが一致すると言いうる根拠は、『起源論』のコンディヤックにおいても、結局は、経験に求められることになる。

しかし、コンディヤックは『起源論』の八年後に書かれる『感覚論』（一七五四年）においては、以上の主張を修正することになる。彼は、感覚は相互に教育し合うというロック、バークリーらの主張、さらには外界認識における触覚の重要性を認めたバークリーの主張をとり入れていくことになるのである（『感覚論』第三部「触覚はどのように他の官能に外部のものを判断することを教えるか」)。

『盲人についての手紙』のディドゥロは『起源論』におけるコンディヤックの主張を参照しつつ、自由にこの問題を論じている。ディドゥロは結局、モリニュー問題に関しては『起源論』のコンディヤックの主張に大筋で賛成しているといえる。

(29) クラメールと、コンディヤックからクラメールに宛てられた手紙については本章訳注11を参照のこと。

(30) 『感覚論』は生まれつきの盲人の手術を解釈しなおすことになるが、その際、感覚としてはただ触覚だけが、単独で「外部のもの〔客体〕objets extérieurs」をそのようなものとして発見し、それらについて判断を下しうる、と考えられた。また、この触覚がさらに「他の官能に外部のものを判断することを教える」と考えられた(『感覚論』第二部、第三部)。デリダの言う「客体化の運動」、そこにおける「触覚の優位性」とはこうした事情を指すと思われる。

(31) クラメールと、コンディヤックからクラメールに宛てられた手紙については本章訳注11を参照のこと。コンディヤックからガブリエル・クラメールに宛てられた手紙九通は、他の相手からガブリエルに宛てられた手紙とともに、一九三五年になってクラメール家からジュネーヴ公共図書館に寄託されたが、これらの手紙と一緒にコンディヤックが執筆した日付のない文書がまとめられていた。『G・クラメール宛未刊行書簡集』の編者ルロワは、この文書を『書簡集』に収録するに当たって『覚書 *Mémoire*』という表題を付けた。ガブリエルがこの『覚書』を実際に読んだかどうかは不明である。

(32) コンディヤックは『起源論』では次のように語っていた。「〔生まれつきの盲人が視力を得ると〕彼は長さ・広さ・深さを有する延長を知覚している。彼がこの延長を分析するとしてみよう。彼は、面、線、点の観念、そしてあらゆる種類の形の観念を作り出すことになろう。これらの〔視覚的〕観念は、触覚をとおして彼が獲得した諸観念と似ていることだろう。なぜなら、延長がどのような感官をとおして私たちに知られるとしても、それが異なる二つの仕方で表象されるということはありえないからである。」(『起源論』一―六―14)「私はそこ〔拡散する光と色〕に、いかなる判断とも無関係に、また他の感官の助けを借りることなく、〔縦・横・高さの〕すべての次元を持った延長の観念を見いだすであろう。」(同書、一―六―12)

なお、ここで語られる女性はフェラン（Ferrand）嬢である。この名は、ここでデリダが参照するよう求めている『感覚論』冒頭の「この書の構想」に現れているが、ルロワによればこの人についてはほとんど知られていない。

(33) この部分のデリダの引用は、四部構成の『感覚論』の第二部と第三部の表題から取られている。すなわち、「第二部　触覚、つまりそれだけで外部のものを判断する唯一の官能について」、および「第三部　触覚はどのように他の官能に外部のものを判断することを教えるか」である。

(34) 一五―六頁、八〇―一頁参照。

(35) ここで、九四頁で「『起源論』から『感覚論』にかけて、断絶に最も似ているのは、感覚能力の構造についての「観念論的」な概念の放棄である」として始められた検討は中断される。コンディヤックは感覚の「表象性を触覚に基づける」ことによって「観念論との非難を〔……〕免れ」ようと図ったが、デリダはそれが「断絶」であったとは認めない。

(36) コンディヤック自身はこの箇所で「計算の言語」には言及していない。ただし、コンディヤックは同じ場所で、客体性を帯びた観念から、単純観念と複合観念が生じ、あるいは感覚的観念（idées sensibles）と知的観念（idées intellectuelles）が生じるとする。また、知的観念からはやがて抽象観念あるいは一般観念が生じるとする。この抽象観念は「計算の言語」によって分析されることになるので、「計算の言語」も結局は触覚に基礎を置いているということか。

(37) デリダが次に引用する箇所の直前で、コンディヤックは、観念はまず記号と結びつくことで観念同士も結びつくことになるとし、魂の働きを追跡するだけでなく、記号の使用についても探究しなければならないとしている。

(38) 三種類の記号とは、偶然的記号、自然的記号、制度的記号の三種を指す。『起源論』一―二―四―35を参照。

(39) 「そこから自然的ないし偶然的なあらゆる意味作用が目的論的に由来する記号」とは「自然的ないし偶然的なあらゆる意味作用が目的として指向する記号」という意味。

(40) コンディヤックが『起源論』の目的論について後から打ち明ける、というのは、続くクラメール宛書簡からの引用部分を指している。コンディヤックは、「私は〔『起源論』の〕第一巻で、つまるところこうしたことを語ったのです」としつつ、目的論的過程をあらためて叙述している。

(41)「事後修正」については第二章訳注1を参照のこと。この場合、目的論自体が「回顧すること」(本文七二頁)によって、「回帰的な解釈」(七六頁)として発展し、確立されるように思われる。この解釈は「修正、訂正」、「事後修正」をとおして新たな「再解釈の目的論」(一〇五頁)となろう。こうした回顧に基づく目的論は、「自らが従った(従うべきだった)規則」の観念を生み出すことで、「事後的」に方法を形作る(七一―二頁)。さらには、それまでは観念のあるべき「自然な秩序」に背いていたと、それゆえその秩序に回帰しなければならないと考える中で、『起源論』という著作がもつ意味(「真実」)さえも「事後的」に再解釈され、明らかにされることになったのである(七二頁)。

(42) クラメールと、コンディヤックからクラメールに宛てられた手紙類については本章訳注11を参照のこと。ここでの引用は、八三頁の原注で引用された手紙と同一の、一七五〇年九月以降執筆の手紙からなされている。

(43) デリダが引用を省略した部分も、交流によって人間がどのように現前する対象による制約を離れると考えられたかという点で興味深い。前の引用と次の引用の間でコンディヤックは次のように語る。「この交流の結果、〔……〕自分が体験することと他人に起きることを頻繁に比較する機会が各自にもたらされます。この経験によって、彼らは徐々に注意を、現在への他に過去や未来にも向けるようになります。自分たちが多くの欲求を抱きうることに気づきます。〔……〕あらゆるものに注意を向け、予期さえもすることが利益にかなっていると理解するようになります。こうしたなかで、彼らは、恣意的記号がもたらす助けを利用し始めます。恣意的記号を付与したものごとを思い出そうとするのです。思い出す際には、まだそれらのものごとへの欲求をもってはいないのですが。」

次いで、第二の引用の二か所の省略部分では順に次のように語っている。「共同して生活するときには、ある人は、どんな欲求も感じていないときにさえ、かつて自分が感じた欲求のことを考えることができるのです。そうした欲求を現に感じている人たちが、その欲求のはっきりしたしるしをその人に示し、そのしるしのおかげでその人は自分もそうした欲求を体験したことを思い出すのです。次いで、しばしば繰り返される状況によって、その人は将来へと目を向けることになります。」「交流によって人は、もはや体験しない欲求や、やがて体験できるであろう欲求に注意を向ける機会を与えられるのです。」

(44) 原注が指示するパラグラフ中の、クラメール宛の手紙と直接関連すると思われる部分を以下に掲げておこう。

「熊たちの間で育てられたこの〔人間の〕子供〔……〕が他の人間たちと一緒に暮らすなら、自分の口をついて出てくるのと似た叫び声を他の人間もまた上げるのをしばしば聞くことになったであろう。その結果、彼は遅かれ早かれこういう叫び声とそれが表現しているはずの感情とを連関させるに至ったであろう。〔……〕／共同して暮らさない限り人は記号を作り出せないのであるから、人の精神が形成され始めるとき、彼らの観念の土台はもっぱらこうした相互の交流の中に存するということになる。〔……〕／こういう交流に入る前には〔……〕知覚はいまだ反省の対象にはなっていないのであって、本来観念ではないのである。知覚は魂の内に生じる印象にほかならず、観念となるためには〔反省によって、何かを表象する〕像と見なされねばならないのである。」

(45)『起源論』一―四―二―23／24では、前の訳注で見た「熊と暮らしていた少年」が人間と交流する前には記号を持たなかったので、当時のことについては、時間のつながりも思い出すことができないとされている。二―一―一―2／3の内容については第三章訳注10を参照のこと。

5 『人間知識起源論』への序論

(1)「同じこと」といっても、「自同的命題の円環」すなわち「意味の円環における自同性」が問題となる。どのような主題であれ全体と部分の違いや、それについての論述を解消してしまうような「同じこと」が問題となるのではない。

(2) ルソーは『人間不平等起源論』第一部の第二四節から第三一節にかけて、言語の起源についての考察を行っている。そのきっかけとなるのがコンディヤックの言語起源論への批判である。ルソーによれば、コンディヤックは「言語活動を発明した人々のあいだにすでに一種の社会が出来上がっている」と想定しているが、自然状態では「人間たちは互いにいかなる交渉も持たず、持つ必要も感じていない」ので、「言語を発明しなければならない必然性」は私たちには理解できない（ルソー『人間不平等起源論』第一部第二四節）。結局、「言語の制定のためにすでに出来上がった社会が必要であったのか、社会の設立のためにまず言語が発明されている必要があったのか」は、循環する難問として残る（同第三一節）。さらに、仮に「言語が必要だと想定」しても、人間が「思考することを学ぶのに言葉が必要であったとすれば、言葉の技術を見出すためには、思考する仕方を覚えることがさらに必要だった」ことになってしまう（同第二五節）。こうして言語と社会や思考作用とは循環（円環）に陥ってしまう。しかし、ルソーはこの循環を私たちには解決できないものとしてあえて受け入れ、社会の成立と進展について考察を加える。なお、ルソーは、偶発的な自然現象によって島などに隔離されて生活することを「余儀なくされた」人々のあいだで最初に「共通言語」が形成されたとする仮説も提示している（第二部第一四節）。

（3）観念を「意のまま」にするには、記号がてこの役割を果たす。「私たちがある事物を呼び起こすことができるのは、その事物がどこかで、私たちの意のまま（à notre disposition）になる事物のいくつかと結びついている限りでのことなのである。ところで、偶然的記号や自然的記号しか持たない人間は、自分の意のまま（à ses ordres）になる記号をまったく持たない。」（『起源論』一—二—四—39）

（4）『計算の言語』t.II, p. 432. 引用の仕方は正確ではない。本書一一五頁にこの箇所の正しい形——「（たわいなさは）対象もなしに、目的もなしに、言うべきこともなしに、話すために話すことにある」——が見られる。

（5）「ほかの箇所」とは、一二五頁で「近刊」と予告された『言語の計算』を指すものと思われる。この著作は結局刊行されなかった。

（6）「私たちが知らないことがらは知っていることがらと同じことがらである」ということは、認識対象である現象（その一部をすでに知っており、その他の部分はまだ知らない現象）が〈一つの同じ性質〉に基づいていることを示していよう。こうした一つの性質にかかわる命題は、結局、その性質の定義に帰着する「自同的命題」である。本書第三章（六五—六頁）での、引力という「唯一の性質」、感受性という「最初の性質」についてのデリダの記述を参照のこと。

（7）デリダが注目するこの箇所から、コンディヤックの議論は命題の自同性の形式的分析を離れ、ある命題が含む情報の、あるいはその情報を伝達する言語行為の「必要性」が問題とされる。自同性が観念のあいだに存すること、概念の分析が行われていることがこの必要性の指標となるのである。

（8）一二—三頁参照。

（9）ライプニッツ（一六四六—一七一六）の『人間知性新論 *Nouveaux Essais sur l'Entendement Humain*』（フランス語による執筆）を指す。この著作は一七〇三年に完成されたが、著者の生前に公刊されることはなく、完成（一七〇三年）から六〇年以上後の一七六五年にラスペの手によって刊行された。コンディヤックはこの著作を読むことはなかった。

（10）ライプニッツの『人間知性新論』はジョン・ロック（一六三二―一七〇四）の『人間知性論 *An Essay concerning Human Understanding*』（一六八九年）を批判して著されたが、ロックの『人間知性論』での見解を代弁するフィラレート（文を愛する者の意）と、ライプニッツ自身の見解を代弁するテオフィル（神を愛する者の意）との対話という形式をとっている。

（11）ライプニッツとロックの架空対話のこの部分では、自同的命題や以下に見るような「半分自同的」とされる命題がたわいなくはないか、必要性・効用を持つかどうかといったことが問題となる。

（12）『人間知性新論』第四部第二章第一節でライプニッツが「テオフィル」の発言として展開した。換位とは、古典的形式論理学において、原命題の主語と述語の位置を交換して、原命題と同じ意味を表す新しい命題を導く推理。この「換位の論証」については、『ライプニッツ著作集』所収（第四、第五巻）の『人間知性新論』（工作舎、一九九三年、一九九五年）の該当個所の訳注が参考になる。

（13）「牡蠣は牡蠣である」「人間は人間である」といった、同じ概念が繰り返される「まったく自同的」な命題に対して、「鉛は金属である」「賢い人間はつねに人間である」といった命題が「半分自同的（identique à demi）」であるとされている。ただしライプニッツにおいては、主語の概念の一部分を反復するこのような命題も、通例「自同的」と呼ばれる（第一章訳注18参照）。

（14）スアレス（Francisco de Suarez 一五四八―一六一七）スペインの神学者。イエズス会士。多くの神学的著作を残す。トマス・アクイナスの立場を重んじ、スコラ学の伝統を継承・発展させた。法哲学、国際法に関する著作も残した。

グロティウス（Hugo Grotius 一五八三―一六四五）オランダの法学者。近代自然法の理論家。国家主権説をとりつつ、自然法によって国際法も基礎づけた。

（15）初めの指定箇所（『感覚論』「この書のねらい」）でコンディヤックは、「私たちと同じように内的に組織され、あらゆる種類の観念を欠いた精神によって生気を吹き込まれている立像」を想定し、その感覚を一つずつ順に開いてゆくと仮定すると語っている。この箇所に編者ルロワが付した注によれば、『感覚論』が刊行された一七五四年の時点でこの立像の仮説は必ずしもまったく新しいものではなく、ビュフォン（『博物誌』「人間の博物誌――感覚一般」一七四九年）の「すでに身体機能を完成させていながら初めて目覚めることになる人間」や、ディドゥロ（『聾唖者についての手紙』一七五一年）の「申し合わせによる唖者 muet de convention」といった類似の仮説が先行していた。ここから、たとえばディドゥロと親しいグリム（Grimm, Friedrich Melchior, baron de 一七二三―一八〇七）は、コンディヤックの「剽窃」を非難することになる。次の箇所には、『感覚論』の付録として、「感覚論で実行された計画に関して私になされた非難への答」と題するコンディヤックの文章が収められている。ここでコンディヤックは、「人間の分解」といった着想は哲学者なら誰しもいだきうること、彼自身はディドゥロの著作より前からある女性（Mademoiselle Ferrand）からこの着想を聞いていたこと、いずれにしても彼の分析とディドゥロのそれとは異なっていることなどを根拠に、剽窃という非難に反論している。

(16)『思考する技術』（『教程』第五巻）第一部「私たちの諸観念とその原因について」第六章「記号の必要性について」へのコンディヤック自身による注（t.I, p. 735）。

(17) デュマルセ（Marsais, César Chesneau, sieur du 一六七六―一七五六）フランスの教育家、文法家、哲学者。『比喩論』（一七三〇年）で注目され、『百科全書』の文法・哲学関係項目を執筆した。コンディヤックは『教程』で『比喩論』を利用した。『百科全書』の諸項目は全体として一つの言語哲学をなしている。

(18) Port-Royal 十三世紀にパリ南郊に創設された女子修道院で、十七世紀には男性信徒の集団も成立した。神の予定と恩寵の絶対性を強調するフランドルの神学者ヤンセン（Cornelis Jansen 一五八五―一六三八）の思想を支持するジャンセニスムの本拠となったが、教権と俗権からの弾圧を受け、修道院は一七〇九年に閉鎖された。支持者の中にはパスカルら著名人も多い。理論的指導者A・アルノー（Antoine Arnauld 一六一二―九四）らが協力して編んだ『文法』（一六六〇年）と『論理学』（一六六二年）の教科書が有名である。

(19) 五一頁の原注での引用箇所を参照のこと。

(20)「言葉それ自体の自己への同一性」とされるものは、続くパラグラフの「表象をすることのない自同性の内で、それ自体へと屈曲すること」に対応することになろう。また、先に見た（一一三頁）「その中で無価値なシニフィアンが繰り返され、自己に一致し、自己以外には何も意味しなくなるような漂流」とも呼応していよう。

(21) たとえばすでに引用された箇所でコンディヤックは、特に「観念連関は記号の間の関係や類比によって作られる」(四八頁) と強調していた。

(22) 隠喩についてコンディヤックは次のように語っている。「さまざまな言語が誕生したばかりの頃は、身ぶり言語と分節音言語を結びつけたり、必ず感覚的イメージを交えて話すといったことが人々にとって必要であった。〔……〕文字を知らない人々は、たとえ曖昧なものであっても比喩的 (figuré)・隠喩的 (métaphorique) なものを好むのであって、こうした場合に〔他の〕選択の余地があろうとは思いさえしないのである。」(『起源論』二―一―一四―138)

(23) 「非＝自同性を類比的・目的論的に再所有」するとは、非＝自同性を、「類比・目的論」に基礎を置いて、「複数の観念のあいだの自同性」(一二六頁) へと統合してゆくことではないか。これはいわば、閉ざされずに開かれた自同性として再所有することでもあろう。

(24) 『起源論』の「第二巻の冒頭」とはどの範囲を指すのかはっきりしないが、「時間の起源と修辞法の起源とを共に語っている物語」に対応すると思われる箇所は、本書第三章訳注10で引用した箇所と重なっている。この「物語」の全体のあらましについてはこの注を参照されたい。

身ぶりや叫び声はいろいろな知覚と結びついてその記号となる、次いで記号は意のままにあやつられるようになり、相手との交流の手段ともなっていく――ここまでをコンディヤックは明言している。しかるに、こうして生まれる言語は、実は隠喩の形で非＝自同性の類比的 (目的論的) 再所有を行っているのであり、コンディヤックの物語自体もこの延長上にあって「時間の様態を含んだ修辞法」として非＝自同性の再所有を行っている――というのがデリダの主張であるように思われる。

(25) 「隔たり」であり「関係」である「時間」はすでに、「感受性」――それは言語を用いた思考へと発展する――「の根源と、たわいないものの領分とを同時に指し示していた」、とされる。つまり、「時間」そのものがすでに、「非＝同一性を類比的・目的論的に再所有」したり、たわいなさが生じたりする場ないし可能性を提供していよう。なお、時間について、コンディヤック自身はたとえば『起源論』一―一―一―7においてふれている。「思考の主体は単一のものでなければならないことに着目」すべきであるとした後で、それに対比させて、原注で次のように補足する。「時間を表示する特性は、その本性からして、複合された主体に属することができる。時間とは〔単一のものではなく〕継続にほかならないのであり、運動しうるすべてのものはそれを計測することができるのだから。」

(26)『教程——予備的講義のまとめ』についてデリダが「再編成」しているところを概略化すれば次のようになろう。

欠乏——欲求（不快、不安）——欲望（諸能力の方向づけ、欲求の様態）——意志
　　　　　　　　　　　　　　　　　　　　　　　　　　　　　　　└注意——知性

なお、参照するように指示されている箇所（t.I, p. 232）には、『感覚論』第一部「それらだけでは外部の対象を判断しない官能について」第三章「嗅覚だけに限られた人間のなかの欲望、情念、愛、憎悪、希望、恐怖、および意志について」の前半部分が含まれる。デリダの展開と関係すると思われる箇所を引用しておこう。「1〔……〕私たちが欲求を感じるものごとに魂の諸能力が向かうとき、こうした諸能力の活動そのものこそが欲望である。／2 故にあらゆる欲望が前提としていることは、立像が、自らが現にあるところよりもよいものの観念を持っていることであり、また、相次ぐ二つの状態の差を判断できることである。〔……〕欲望の尺度は二つの状態のあいだに知覚される差である。」

(27) 八五頁参照。

(28) 自同的命題に総合の価値を付与する、とは、「非＝自同性を類比的・目的論的に再所有」すること（一一七頁）と同じことを指していよう。本章訳注23も参照のこと。

(29)「表《タブロー》」（二八頁参照）はフーコーにおいて「古典主義時代のエピステーメー」を象徴する。この「表」は「空間」としてとらえられ、「計算と生成論によって縁取られ」ている。「生成論」は「経験的なもののつながりから発して秩序の成立を分析する」が、そこにはデリダ的・本来的意味での時間は認められない。

(30) 一一三頁の原注参照。

(31) 以下に『感覚論』第一部第二章の最初の数節を抜粋して引用する（この原注でデリダが引用している一節には傍線を付す）。特にこの数節で、デリダが「前＝時間的な感情の仮説」と呼ぶもの（比較を知る前の感情の仮説）が

立てられ、その上に「欲望の起源」や、「原理の原理」である「快／苦の対立」が論じられる。

「第一部　それらだけでは外部の対象を判断しない官能について

第二章　嗅覚だけに限られた人間における知性の働きについて、またいかにして異なる程度の快感（plaisir）と苦痛（peine）とがその働きの原理となるか

1　立像は注意の能力がある（*capable*）　最初の匂いに出会うとき、立像の感覚する能力（capacité）はすべて立像の器官の上に作られる印象に注がれる。これは私の注意と呼ぶものである。

2　楽しみ（*jouissance*）と苦しみ（*souffrance*）との能力がある　この瞬間から、立像は楽しみ始めるか、苦しみ始める。感覚する能力がすべて快い匂いに注がれていれば楽しみであり、すべて不快な匂いに注がれていれば苦しみだからである。

3　しかし欲望を形作ることはできない　しかし、立像は自分が受けるであろうさまざまな変化についてまだ何の観念ももたない。したがって、心地よいならば、さらによいことは望まず、心地が悪くても、よくなることを望まない。苦しみは立像にまだ知らないよいことを欲するようにさせないが、それは楽しみが、やはり知らない悪いことを恐れさせないのと同様である。〔……〕〔この立像の場合〕苦痛は異なった状態への欲望が生まれる以前にある。そして苦痛がこの欲望を引き起こすのは、異なった状態がすでに知られていることによってのみである。〔……〕立像はまだいかなる変化、継起、持続の観念も持っていない。したがって、欲望を形成することができずに存在している。

4　立像の働きの原理である快感と苦痛　現在自らがある状態をやめて、かつて自らがあった状態に戻ることができると立像が気づくならば、立像の欲望が苦痛の状態から生じること――記憶が呼び覚ます快楽の状態とこの苦痛の状態とを比較することで生じること――をわれわれは目にするだろう。このような仕掛けによって、快楽と苦痛とは無二の原理（l'unique principe）なのであり、立像の魂のあらゆる働きを決定しながら、立像に可能なすべての認識へと段階を追って立像を高めるのである。」（『感覚論』一―二）

（32）ここで「欲望を欠いた欲求」とされるものは、先に（一二八頁）「それ自体のままの欲求、対象が欠けた欲求」とされていたものであろう。一方、前の原注でデリダは、「前＝時間的な感情の仮説」のもとでは欲望はいまだ形

成されずに「石のようなまま」である、としていた（訳注31も参照のこと）。次いで、ここでは、具体的対象への欲望を欠いた欲求も「石のようなまま」であるとされることになる。

(33) たわいなさは欲望によって欲求に現れ、欲望を欠くことによっても欲求に現れる。この絡み合い逆転した関係をキアスムにたとえている。キアスムについては第一章訳注7を参照のこと。

(34) 五頁参照。学問としての「メタフィジーク」は「第一のもの」とされてきた。しかるにコンディヤックにおいてそれは「人間の秩序」に属するものとして限定された「二次的な」「ヒューマニズム」となる。

(35) 『動物論』第二部「動物の諸能力の体系」第八章「人間の情念はどんな点で動物の情念と異なっているか」

訳者あとがき

本書は Jacques Derrida, *L'archéologie du frivole*, Galilée, 1990 の全訳である。本書冒頭の原注にもあるように、本書ははじめ一九七三年に、コンディヤック著『人間知識起源論』校訂新版（Condillac, *Essai sur l'origine des connaissances humaines*, éd. Charles Porcet, Galilee, 1973）への序論としてガリレ社から刊行された。一九七六年には、デリダによる序論の部分が初めて独立してドゥノエル・ゴンティエ社から文庫本として刊行された。その後、一九九〇年になって、あらためて序論部分だけがガリレ社から刊行された。これが本書の底本である。なお、翻訳にあたっては次の英訳も参考にした。*The Archeology of the Frivolous*, translated by John P. Leavey, Jr., University of Nebraska Press, 1980.

本書のタイトルについてもふれておきたい。原題中の frivole は、本来の形容詞としては「たわいない、取るに足らない、軽薄な」といった意味を持つ。哲学の分野では、ロックが『人間知性論』第四巻第八章で «trifling propositions» について論じ、そのフランス語訳において «propositions frivoles» としてこの語が使われた。この延長上に、コンディヤックにおいても特に「認識に何もつけ加えないもの」といった意味を帯びて使われる（Cf. André Lalande, *Vocabulaire technique et critique de la philosophie*, PUF, 1972）。本書の原題では名詞として使われ「たわいないもの」ほどの意味だが、日本語のタイトルとしては「たわいなさ」とした。一方、archéologie の要素 archéo- は、ギリシア語の「arkhaios（古い）」あるいは「arkhê（始原・起源）」に由来し、archéologie で「始原学」ほどの意味になる（もちろん「考古学」の原語でもある）。ミシェル・フーコーはこの語を〈観念や知識の始原の探求〉といった意味で用いたが、デリダの使用法もこの延長上にあろう。ただし、フーコーの著作の場合も「考古学」という訳語で定着している事情もあり、本書でも「考古学」とした。また、文庫版につけられた副題「コンディヤックを読む Lire Condillac」を本書にも取り入れて、コンディヤック論であることがわかるようにした。

本書は初期のデリダによる独創的なコンディヤック読解の書であり、コンディヤック思想の脱構築の書である。コンディヤック（一七一五—八〇）は、十八世紀ヨーロッパの感覚論哲学を代表するフランス人哲学者だが、これまで日本でよく知られてきたとはいえない。しかし、その最初の主著であり、本書の直接の対象でもある『人間知識起源論』（一七四六年）が古茂田宏氏の手によって翻訳され、一九九四年に岩波文庫に収められたこと（邦題『人間認識起源論』、全二巻）、また二〇〇二年には山口裕之氏による研究書『コンディヤックの思想——哲学と科学のはざまで』（勁草書房）が刊行されたことで、日本でもようやく理解が進んできた。デリダによるコンディヤックの読解は本格的で、コンディヤック研究、十八世紀ヨーロッパ思想研究として見ても大きな価値を持っている。一般の研究論文に近い体裁をなしてもいるので、読者には、コンディヤックの著作も参照しながら、腰を落ち着けてデリダの議論を読み進めていただきたい。

とはいえ、本書のデリダの議論を理解することはたやすくはない。その理由の一つに引用の仕方の問題がある。本書における引用や関連著作への参照指示は総体としては周到と言ってよいのだが、そもそも『人間知識起源論』への序論として書かれたせいか、内容のわりに実際の引用が少なく、引用される場合もしばしば簡潔に過ぎ、そのため議論がわかりにくくなっている。もっとも、それを補うためか、デリダは主にコンディヤックの著作の参照すべき箇所を多く掲げており、指示された箇所を読むことはデリダの議論を理解するのに大いに役立つ。しかし、コンディヤックの著作はいまだ翻訳が進んでおらず、デリダが指示した箇所の多くは日本語で読める状態にはなっていない。こうした事情を考慮し、本書では、デリダが参照を指示した箇所は、基本的に訳注において訳出することにした。また、引用が簡潔に過ぎると思われる場合は、同じく訳注において、デリダによる引用の前後の文脈を補ったり説明したりした。こうして、訳注のかなりの部分は資料集としての性格を持つものになった。

その他の訳注についても、デリダや十八世紀思想になじんでいる人には不要と感じられるものも含まれようが、大方の読者がなるべく抵抗なくデリダあるいはコンディヤックの議論に入っていけるよう図ったつもりである。こうした点を了解のうえ、読者各自の判断で適宜訳注を参照していただきたい。

＊

初期のデリダの代表的著作である『グラマトロジーについて』（一九六七年）の第二部は、ジャン＝ジャック・ルソーの著作、特に『言語起源論』（一七六一年完成）の読解にあてられているが、六年後の本書でデリダは再び十八世紀フランスの思想家に取り組んでいる。実は、ルソーの『言語起源論』は他でもないコンディヤックの『人間知識起源論』の影響の下に書かれている。特に『人間知識起源論』第二篇第一部は、「言語の起源と進歩について」という表題どおり言語の起源を考察しており、『言語起源論』に直接対応している。このため、『グラマトロジー』における『言語起源論』の読解においても、コンディヤックの名はしばしば言及されていた。本書で、デリダはこのコンディヤックの思想を正面から考察している。そして、コンディヤックの思想の分析からも、デリダ自身の諸概念の有効性が裏づけられることを示そうとするのである。

コンディヤックによれば、人間の知的能力は「観念の新しい組み合わせ」を生み出すところにある。とりわけ天才は、新しい学問の発見によって、あるいは独創的な創作によって、この「新しい組み合わせ」を生み出す。この際、彼はしばしばそれまでの言語の類比の規則から逸脱することになる。このことによって彼は一つの言語の崩壊を準備するはめに陥ってしまう。なぜなら、凡庸な人たちが天才のまねをし、たわいない言いまわしが幅をきかせるようになるからである。（第2章）

ところで、コンディヤックの哲学は周知のように感覚論哲学だが、それはまた一貫して記号の哲学でもある。彼は、人間の観念の発展の原理を記号の使用に見いだしていた。彼は人間が持つ観念の間に、「記号の類比関係から力を得ている種々の連鎖」を想定した。しかし、記号は経験一般の初めのものではない。いろいろな記号の連鎖は知覚の「上位に」立つものである。人間においては意味作用より前に、本能の自然の光によって、すでに分析、判断、認識が行われている。こうした不明瞭な観念、言語以前・記号以前の判断、もの言わぬ分析がどのように私たちを行動させるのかに、記号・言語作用に基づく理論的な力が「着目する」ことになる。記号は分類し、明らかにするのである。こうして、実践的な欲求の前記号的な層にまで遡ることで、コンディヤックは科学的・理論的な言語を創設あるいは復元しようとしている。「それぞれの学問は固有の言語を求める。〔……〕だが、〔……〕言語はまだ作られないままなのである。〔……〕私たちはとりわけこの状態を補おうとしているのである」。行為、実践の先行性は「欠落」として現れるとされる。記号の作用はこの欠落の元を確認し、描き直し、必要なものを付け加えるのである。

だが、ここで過剰、「たわいない」無価値が姿を現す。一般に、欠落を補おうとして生み出される過剰という結果は人間どうしの交流（会話、交易）を生み出すが、さらに加えて、欲得ずくの取引や、おしゃべりのたわいなさをも引き起こすのである。過剰、たわいない無価値は、方法を志向する立場からは、取り除かなければならないだろう。（以上、第4章）

記号自体についていえば、記号は容易に使用できるため、私たちは記号を通じて、観念に対して支配力を保持し、観念を「意のまま」にすることができる。しかし、記号はまたすぐに観念から離れて道に迷ってしまう。もの、意味、指示対象から離れてしまい、何のためにもならないままであり続ける。何も指示することなく交換される過剰、チップ（賭札）のようなものであり続ける。たわいなさとはチップだけで満足することにある。それは、もはや何も意味しないシニフィアンとともに生まれる。このたわいなさは記号に本来的である。「逸脱の構造」とも言うべきものが存するのである。（第5章、以下も同じ）

たわいないものは、必然性がない記号の羅列、コンディヤックによれば自同的命題によらない羅列である。あるいは、自同的命題に見えても、言葉のうえで同語反復されているにすぎないため、何の観念も対象も表象しない記号の羅列である。「たわいないものを生じるのは観念の間における自同性ではなく、言葉の間における自同性なのである」。

では、どのようにすればたわいなくならずにいられるか。たわいなくなるためには方法的であればよい。たわいなさを回避するためには、非＝自同性という意味上の危険を冒したうえで、その非＝自同性を類比的・目的論的に新たな自同性として再所有しなければならない。実際、コンディヤックは、自分の論述をたわいなさから守るために、自同的命題、類比といったものを絶えず援用している。

ここでデリダは、一般に程度の差異だけがある、という議論を展開する。程度（漸進的差異）は、まず、「である（est）」という動詞を分解してしまい、自同的な命題を損なう。だが、同時に、自同的命題に総合の価値を付与することで、この命題を総合判断として可能にもする。総合の価値は認識を前進させ、たわいなさを禁じることになる。したがって、程度を生み出す要因としての「時間」は、同時にたわいなさの可能性も不可能性も示している、とされる。デリダは、こうした条件において、構築と脱構築もまた可能になるとしている。

ところで、対象に対する記号の関係の中断は、記号以前に生起しているとされる。ある記号を「比喩的に」受け取ることを許す意味の拡張の過程がすでに、言語活動の詩的な起源に隠喩を組み入れている。「拡張された」意味はつねに対象との関係において、不在で、浮遊し、弛緩しているおそれがある。そのため、私たちは観念自体の二重性からも逃れえない。これがたわいなさの最後のあるいは最初の衣装であるとされる。たとえば「私が一つの石、二つの石と言うとき、観念という語はその本義において受け取られている。なぜなら、私は一つ、二つという観念を、これらの石という名詞に私が結びつけている対象に認めているからである。しかし、私が一、二と言うとき、そこには一般名詞しかなく、これらを観念と呼ぶのは拡張によってでしかありえない」(『計算の言語』)。観念を事物のないままに、記号を観念のないままに、名辞の自同性をその対象であるべき観念の自同性から乖離したままにするたわいない拡張は、進歩自体とともに増大し、この拡張が崩壊させるもの——交流、言語活動、制度——に対応して拡がってゆく。

ところで、問題は「欲求」や「欲望」と関連している。実際、欲求はコンディヤックの体系の唯一の原理である。他方、欲望はその力においては欲求にほかならず、欲求の方向を定めて欲求に様態を与えるだけである。その結果、一方では、たわいなさは欲望によって欲求のもとに現れる、と考えることができる。欲望こそが対象にかかわる方向づけを開始し、補いの記号を生み出す。ただし、この記号はいつも、不在、自由、拡張によって、いたずらに作動する可能性があるのであった。

だが、他方で、逆に欲求自体がたわいない、ともいうことができよう。欲望を欠くなら欲求はいかなる対象も持たず、それ自体から変化せず、それ自体だけで閉ざされており、トートロジックであり、石のようなままであろうからである。これに対して、デリダは結局、コンディヤックが『動物論』において言及する、人間の「欲望することへの欲求」を援用する。ここにおいて、欲望はもはや対象への関係ではなく、欲求の対象となる。欲求を一種の飛翔へと向かわせる果てのない目的となる。こうして欲求の飛翔、欲望とその浮遊、記号とその逸脱の運動が生じる。人（「立像」）がこのことに目覚めるや、彼はまたこの間隔を狭めるための仕事に取りかかる、とデリダは考えている。彼は、たわいない空転に抗して、いろいろな記号の頑固な自同性、つまりもう一方のたわいなさを生み出し始めよう。つまり、石それ自体、正当性それ自体を生み出し始めるであろう。（以上、第5章）

以上、記号とそれにまつわるたわいなさに焦点を当てるかたちで本書の議論を一瞥したが、こうした議論にいたる前段ではコンディヤックの思想に関して形而上学批判、事後性、類比、目的論といった議論が展開される。

コンディヤック自身が、実は、それまでの本質と原因のメタフィジーク（形而上学）を批判して思想界に登場している。彼は、その代わりに現象と関係のメタフィジークを打ち立てることを提案する。新しいメタフィジークは二次的哲学であり、現実の単独性から出発して一般観念へと向かう観念の生成を系統立てて復元することだろう。だが、それは言語に先立つ自然のメタフィジーク、つまり本能のようなものに従うことである。学問としてのメタフィジークは、言語活動に先行する本能に対して自らが言語として持つ関係を、言語の内に再現するのである。

こうしてコンディヤックの主張は単純なものへの系統的回帰を含意している。また、段階的発展が起こるのは、それ自体は変更不可能な素材の組み合わせないし変様によってだけであること、をも含意している。コンディヤックの探究分野においては、この最初の素材の位置に、「直接的に現前する還元しえない核」としての感覚が置かれる。だが、この素材ないし核は、組み合わせ、関係、結びつきといったものの内に組み込まれてゆく。こうした中で知性が形を取る。知性による反省はやがて「こうした素材が有する諸関係を探り、こうした素材を活用する」（『起源論』）ことになるとされる。（以上、第1章）

こうしたコンディヤック思想の全体的な性格や限界について、デリダはすでに『グラマトロジーについて』などにおいて語っていた。これについては先であらためて見ることにしたい。

さて、デリダのコンディヤック論には、フロイトに発する「事後性」（具体的に言えば事後修正）という考え方（第2章訳注1参照）や「類比」の概念がかかわっている。コンディヤック自身が自らの一般理論の企てが歴史的に可能となる条件に関心を持っていることを手がかりに、デリダは分析を進める。哲学や一般的方法は、ある認識の実践の、ある学問的発見の「後から」やってきて、法則の事後の一般化として確立される。実は、一つの学問的発見も、すでに哲学的秩序の内で別の一つの発見を移し替えている。哲学者は、過去の学問上の断絶的変化の事実を移し替え、反復し、さらには拡張し、一般化するのである。ロックもニュートンの「後から」、ニュートンが例示したような一般法則というものを人間知性という領域に適用したのである。（第1章）

新しい学問を発見する天才といえども、ある諸条件の下でしか見つけることはない。天才のひらめきは、すでにある記号間の類比の一つの状態によって生じるのである。とはいえ、天才は今度はこの

記号（言語）システムを更新するのである。（第2章）

ニュートンは移し替えるべきであるとされるのに対して、ロックはむしろ補足し修正しなければならない。だが、修正すべき点はすべて、ロックが秩序づけを欠いたせいで記号を捉えそこなった、ということに帰着するようだ。かくして、歴史的な進歩（たとえばロックからコンディヤックへの）があったとしたら、自然な秩序がゆがめられていたからである。コンディヤック自身に関しても、『起源論』の可能性はこの著作が書かれる過程で、あるいは後の諸著作において「事後的」に明らかになっていくが、これも当初、事物の自然な秩序に背いていたためなのである。たとえば「観念連関の原理」の広がりは、『起源論』の構成の不手際のせいで当初隠されてしまい、この書が書き上げられた時ようやく明らかにされたように思われる。（第3章）

この「後から」なされる発見については、「類比」による発見ということが定式となる。コンディヤックのニュートン、ロックに対する関係も同様である。コンディヤックは、ロックが開始したような人間知性の学問を、特に言語活動という決定的な問いについて反復し、修正し、補足したのである。（第1章）

ニュートンは、本源的な性質に基づいて物理的宇宙の事物の連関を統御する単純でただ一つの原理という観念に達していた。こうした唯一の性質に基礎を置いて、言説は理性の明証の内に立てられるようになる。コンディヤックはニュートンの発見を心理学の次元に移し替え、あらゆる経験を一つの最初の性質——それ自体で知られ、次いでただ変様するだけの性質、つまり感覚能力——にまで連れ戻す。彼は感覚から出発して、理性の明証に加えて事実の明証や内的感覚の明証をも援用しつつ、普遍的な連関（観念相互の、観念と記号の、類比関係における記号相互の）を探究する。コンディヤックは、こうしたニュートンとの類比は自然に基づいていると考えた。類比はただ自然の産出を拡張しているだけなのである。故に、類比の原則は限界を持たない一般性を持つと考えられたのである。（第3章、以下も同じ）

さて、想像などの人間精神の働きを分析するコンディヤックの論証のバネは、観念間の「連関の力」という概念である。類比関係の認識もこの観念間の連関の発見に帰着するだろう。そして、先に見た「観念の新しい組み合わせ」も、ある最も大きな「連関（の力）の量」を発見することから生じることになろう。

だが、「力」という概念はあいまいである。「連関の力」といっても、それ自体、隠喩的、類比的観念しか生み出せない。実際、コンディヤックにとって、力の「最初の観念」、原義は、身体の運動の「内的な感覚、あるいは意識」から発するのだが、ここではどんな定義にも達していない。隠喩と類比によってこの原義は移し替えられ、比喩的に拡張される。物理学の分野において、力は引力として普遍的連関の物理モデルを打ち立てるが、この普遍的連関が、さらに類比によって観念の領域に移されることになる。デリダはここで、言語活動がもともと隠喩的であり、始原のものが比喩的であるという自らの主張と、この問題がリンクしていると暗示している。

このようなあいまいな「連関の力」が「新しいもの（組み合わせ）」を生み出す。これは「産出的」な想像の働きだが、この働きは言語全体に曖昧化の危険を招じ入れる可能性がある。よって、コンディヤック自身、この新たな想像を統御できる限りにおいて、それを知識の主要なばねとすることが

できる、としていたのである。（以上、第3章）

最後に「目的論」の問題を見ておこう。コンディヤックにおいては、人間精神の発展はその始めからできる限り大きな「制御」の方へ、つまり、私たちが完全に「思いのまま」にできる恣意的・制度的な記号の制定の方へと目的論的に方向づけられている。真の記号には恣意的なものしかない、あらゆる意味作用はこの制定への過程である、人間の能動的本質こそが自由である――以上のことを、コンディヤックは『起源論』の意味として再確認しているとされる。（第4章）

他方で、デリダ自身の立場としては、テクストを「それ自体から引き離し」、「いろいろな対立からなる大きな仕組み」を分析すべきである。この分析において、テクストのプログラムはずらされ、テクストの目的論は「あらかじめ解体」され、テクストの意味の円環は「未決定」になる。コンディヤックにおいても、目的論はテクストの全体を本来引き離された一部分に結びつけて――「『起源論』をその切り取られた肋材の一つに最後に一度だけつるして」――いるだけなのであり、テクストの仕組みのレベルで目的論は解体されているのである。（第4章）

このように本書は独創的なコンディヤック論であり、コンディヤック理解に斬新な視覚をもたらしてくれる。また、十八世紀フランス思想から霊感を受けたデリダの一面を再認識させるものとしても重要な著作であろう。

＊

次いで、デリダが他の著作でどのようにコンディヤックにふれているかを見ておこう。

デリダが『グラマトロジーについて』第二部でコンディヤックの『人間知識起源論』に言及していることについてはすでにふれた。他に、論文「署名　出来事　コンテクスト Signature Evénement Contexte」（*Marges*, Minuit, 1972 所収）にもコンディヤックへの言及が見られる。この論文は主題としてはオースティンを論じたもので、この論文を批判したジョン・サールへの反論の論文などとともに、後に『有限責任会社 *Limited Inc.*』（Galilé, 1990）にも収められた（邦訳、法政大学出版局、二〇〇二年）。「署名　出来事　コンテクスト」の執筆は一九七一年であり、『グラマトロジー』ですでにコンディヤックに言及したデリダが、一九七三年の「たわいなさの考古学」の発表を控えて、この時期、コンディヤックへの関心を持ち続けていたことがうかがえる。デリダは「署名　出来事　コンテクスト」においてコンディヤックについての全体的な評価を下しているので、この論文を先に取り上げよう。

（以下、『有限責任会社』一四―二〇頁より）

一般に、エクリチュールは、口頭や身ぶりによるコミュニケーションの領域を拡張する手段であると認められてきた。このことはコミュニケーションの根本的に連続的で自己均等的な場、つまり意味の統一性・統合性が影響を蒙らないような同質的な境位を前提としている。デリダによれば、コンディヤックのエクリチュールについての解釈はこうした解釈の典型である。

実際、コンディヤックにおいては、エクリチュールの分析は、無批判にコミュニケーションの権威のもとに置かれている。その際、想念《パンセ》、観念、表象、意味内容はコミュニケーションに先立つものとされる。人間は自らの「想念を伝達する《コミュニケート》」ために、身ぶり言語、音声言語、エクリチュールと連続的に発明してきたのである。エクリチュールも（諸観念の）意味構造や意味内容を妨げる効果を及ぼさないのである。かくしてコンディヤックは、起源の単純性を前提とし、あらゆる派生・産出・分析の連続性、さまざまな次元（秩序）すべての同質性を前提としている。「類比」が主要概念であることがその証である。

ところでコンディヤックによれば、エクリチュールに先立って「人々はすでに身ぶりや〔話し〕言葉で像《イメージ》を表現しており、これらの像によって最初から言語は比喩的で隠喩的なものになっていた」のだが、エクリチュールを編み出した時も、「想像はただこれらの同じ像を表象するだけだった。〔……〕エクリチュールの最初の試みは単なる絵でしかなかった」（『起源論』二一一―一二三―127）。この表象的性格は変わることはない。表象は、やがてさまざまな補足的な交代と段階を経て表象の表象となるだろうが、表象（隠喩）構造、つまり〈観念／記号の関係〉はなくなることも変形されることもない、とデリダは考える。

デリダはここで「不在」のとらえ方に注目する。エクリチュールは不在の受け手に向けられるものだが、エクリチュールに対しては送り手もまた不在となる。しかし、こうした不在はコンディヤック自身によって自覚的には「問い質されていない」。コンディヤックの哲学においては、現前が不在となると、それまでの現前は表象によってつねに補われることになる。現前は表象の内で連続的、同質的に修復される。現前的な知覚から表象の構築物へ、形式的な言語へと至る派生の運動が存在するのである。

とはいえコンディヤックの哲学は表象の理論としての記号の理論を切り開いたとは言える。そこではすでに「不在」も予感されていたのだが、コンディヤックはそれを真の意味で「問い質す」にはいたらなかったのである。ここでデリダはコンディヤックを離れ、「あらゆる記号は〔……〕ある種の不在を前提とする」として、エクリチュールをめぐる自らの議論へと踏み込んでいくことになる。他方、『たわいなさの考古学』においては、デリダは、自らのエクリチュール論、記号理論を裏づける痕跡をコンディヤックの哲学自体の内に探ろうとしたことになる。

一方、『グラマトロジーについて』におけるコンディヤックへの言及は、ルソーを論じる過程で、ルソーとの比較においてなされるため、その内容はより各論的である。

コンディヤックは、人間は言語活動を自然の中で徐々に獲得していったと考え、その過程を推理する。ノアの大洪水の後、いかなる記号の使用もいまだ知ることなく砂漠をさまよっていた男女二人の子供は、例えば恐怖を感じたとき、身ぶり言語を使い始めることで、助けを求め、あるいは与えたであろう（『起源論』二―一―一―2／3）。

デリダはこの仮説を独自の観点から読解する。すなわち、苦悩（や恐怖）と反復が言語（身ぶり言語）の二重の根源であろう。言語は純粋な苦悩において始まるのではない。苦悩は反復の中でしかその意味を持たない。反復はここでは模倣と呼ばれ、「知覚と反省の中間」にある。デリダはコンディヤックから引用する。「彼らはただ本能だけによって互いに助けを求め合い、与え合ったのである。〔……〕たとえば、恐ろしい目にあった場所を目にすると、人はかつて自分が陥ったその危険に相手が身をさらさないよう警告するために、恐怖の記号である叫びや動作を模倣するのであった」（同所）。デリダによれば、未開人が、恐怖を感じた場面に関して反復（模倣）をする中で恐怖が意味を獲得し、言語活動（意味作用）が成立していくのである。コンディヤックの読解を通しても、デリダの「反復」の概念が鍛えられていくことになる（『グラマトロジーについて』現代思潮社、下、二五七―八頁）。

コンディヤックにおいて、言語の「あらゆる派生・産出の連続性」が前提とされていたことは、先に「署名　出来事　コンテクスト」について見た。この点は、すでに『グラマトロジー』においても論じられている。コンディヤックにおいては、身ぶり言語とその後に来る音声言語との関係は連続的である（ルソーにおいては事情が異なる）。「音声言語は身ぶり言語を引き継ぎ、その特徴を持ち続けた。〔……〕身体の激しい動きに取って代わるために、声ははっきり分かるほど幅広い音程をとって上がったり下がったりした」（『起源論』二―一―二―13）。よって、「〔音声言語の〕文体はその起源においては詩的なものであった」（二―一―八―66／67）。とはいえ、起源から隔たるほど、身ぶり言語の影響は減少する。この隔たりは単純でまっすぐで連続的な線に従っている。（『グラマトロジー』下、二四九―五〇頁）

　身ぶりを音声言語へと導いたのは社会的な距離である。エクリチュールが必要となるのは、この社会的な距離が増大して受け手が不在にまでいたるときである。この距離の不在化はコンディヤックによっては断絶と解釈されてはいない。エクリチュールの働きは、音声言語の働きを再生産し、最初の書法は最初の音声言語（つまり比喩と像《イメージ》）を反映するであろう。「署名　出来事　コンテクスト」でも見たように、「エクリチュールの最初の試みは単なる絵でしかなかった」のである。（以下、同書、二六九―七九頁）

　この絵画書法はそれぞれが個々の事象を写しとるものと考えられるが、次に来る象形文字は事物の

「本性」に対応し、一般化を可能にするようになる。以後、エクリチュールの多様な形が派生することになる。そこにおいては、（ルソーとは異なり）かつて記憶の中に意味を書き込む役割を果たしたリズムや韻はもう必要ではなくなっていく。コンディヤックによれば、エクリチュールの歴史は、絵画書法からアルファベットへと省略技術の連続的で直線的な進歩に従うことだろう。

さて、デリダによれば、哲学の運動が音声中心主義への移行を必然化するように見えようとも、それは見かけだけの逆説にすぎない。人々は音声言語を擁護、称揚していると思っているが、実は単にシニフィアンを削減する技術に眩惑されているだけなのである。表音文字は軽視されるが、それは、表音文字が自らの姿を消すことで、音声的な自己触発によって、最も大きな制御、自己現前、自由を保証するように見えるからである。哲学はここで、シニフィアンの消失としての、あるいは回復された現前への欲望としての運動であるともいえる。こうして、シニフィエの現前に意識は向き合うことになる。シニフィエは結局観念的であるため自由に呼び出されるのだ。シニフィエの現前を含意したものとしての真理一般の価値とは、結局、記号の運動の中の一時代（ヨーロッパの時代）をなしているにすぎない。

コンディヤックは経験の場面において人間を考察するのだが、この経験の観念も、少なくとも現前に価値を認めることによって、なお存在論＝神学の中にある。コンディヤックの意識においては、不在と記号は偶然事と考えられた。記号は堕落の徴であり、不在は神からの隔たりと考えられていたのである。

以上、『グラマトロジーについて』と「署名　出来事　コンテクスト」はコンディヤックの表立った主張を批判的に跡づけ、やがてそれは本書における脱構築的読解に結びついたと言えよう。

*

コンディヤックの主著の一つ『感覚論』(一七五四年)は、わが国では、戦後ほどなく加藤周一氏、三宅徳嘉氏の手で翻訳出版されたが、絶版となって久しい。その後、コンディヤックについて、日本では中山毅氏らの専門的な研究論文が大学の紀要の形で出されたりするにとどまる状態が続いた。ミシェル・フーコーは『臨床医学の誕生』(一九六三年)の中でコンディヤックを大きく取り上げ、この著作は邦訳もされている(みすず書房、一九六九年)。しかし、コンディヤック自身の著作が日本語で読みにくいせいで、コンディヤックは日本人にとって依然遠い存在だったように思われる。わが国であらためてコンディヤックの思想が広く知られるようになるのは、すでにふれた古茂田宏氏の翻訳と山口裕之氏の研究が刊行されたことによる。これらの書籍が優れたコンディヤック像を日本語で提示したことで、わが国でもコンディヤック研究が発展する条件がようやく整ってきたといえよう。

一方、デリダは、その執筆活動の初期にいくつかの著作でコンディヤックを論じ、とくに本書では本格的な議論を展開した。その守備範囲の一部にすぎないコンディヤックとその周辺思想についても、きわめて豊富な読書量の裏づけを持ち、彼が本物の研究者であったことがよくわかる。しかし、わが国では、コンディヤックが論じられることが少ないのにおそらくは対応して、本書もほとんど論じられないまま今日にいたった。だが、日本でのコンディヤック研究の進展を受けて、この著作が日本で興味をもって読まれる機も熟してきたといえよう。デリダの思想の初期の形をよりよく理解するためにも、本書が広く読まれることを期待したい。

条件が整ってこの翻訳出版を企てることになったが、デリダの著作を日本語に翻訳することはやはり容易ではなかった。訳者の力量の不足からなお不十分な点も残っているのではないかと恐れる。だが、ここまでの翻訳にする過程でも、訳者はさまざまな方に多くのものを負っている。デリダの思想については、邦訳や日本語による研究の蓄積が、デリダを専門にしているわけではない訳者には貴重な導きとなった。廣瀬浩司氏、鵜飼哲氏、増田一夫氏には個人的にもご教示を仰いだり、この出版企画について相談にのっていただいたりした。一方、古茂田宏氏、山口裕之氏の研究は、とくにコンディヤックのフランス語を日本語化する場合の重要な参照項目となった。

名古屋大学で関連分野を研究する方々から親しく教示を得ることができたことは幸運であった。国際言語文化研究科の布施哲氏からは、訳者が通じていなかった現代の思想の多くの論点について貴重なご教示をたまわった。文学研究科のクレール・フォヴェルグ Claire Foverque さんは、ディドゥロとライプニッツを研究しておられるが、ご自身のディドロ論の出版準備でお忙しい折であったにもかかわらず、デリダのフランス語にかかわる訳者の数多くの質問に快く答えて下さった。ここでさらにお名前を挙げることは控えるが、名古屋大学で訳者が受けることができたアドバイスはこれにとどまらない。

フランス十八世紀思想研究の分野での恩師や研究者の方々、訳者が所属する名古屋大学国際言語文化研究科の構成員、学生の方々からも有形、無形の助力を得た。なかでも当研究科の大学院生松浦宏信氏と大原邦久氏には、翻訳について貴重な意見や、デリダをはじめとする現代の思想についての貴重な情報を寄せていただいた。

書籍編集者である橘宗吾氏、松井純氏、人文書院の谷誠二氏はこの翻訳出版の道筋をつけて下さった。最後に、人文書院編集部の伊藤桃子さんが綿密に原稿を検討のうえ、数多くの貴重な意見や提案を寄せて下さったことは特筆しておかなければならない。

以上のすべての方々に、ここに深い感謝を捧げたい。

二〇〇六年六月

飯野和夫

訳者紹介

飯野和夫（いいの・かずお）

1951年生まれ。パリ第一大学哲学研究系博士課程修了（哲学史）。名古屋大学大学院国際言語文化研究科助教授。近代フランス思想，とりわけ十八世紀感覚論。訳書に，ジャック・ベールシュトルド他編『十八世紀の恐怖』（共訳，法政大学出版局）。論文に“La Palingénésie et la liberté de l'homme chez Charles Bonnet”（パリ第一大学博士論文）など。

たわいなさの考古学《こうこがく》
コンディヤックを読む

2006年 6 月30日　初版第 1 刷印刷
2006年 7 月10日　初版第 1 刷発行

著　者　ジャック・デリダ
訳　者　飯野和夫
発行者　渡辺博史
発行所　人文書院
〒612-8447 京都市伏見区竹田西内畑町 9
電話 075-603-1344　振替 01000-8-1103
印刷所　㈱冨山房インターナショナル
製本所　坂井製本所

落丁・乱丁本は小社送料負担にてお取替えいたします

ISBN 4-409-03072-8 C3010

ジャック・デリダ著

港道隆訳

アポリア

死す――「真理の諸限界」を［で／相］待‐期する

二二〇〇円

「決定不可能性」と「責任」の問いを「境界の移行」の問いとして結び直し、アポリア（決定的ないし選択不可能な背反）の経験こそが責任ある選択の条件であるとして、アポリアの究極としての「死」を論じる。デリダの思想の結節点となる凝集されたテクスト。

表示価格（税抜）は2006年6月

ジョルジョ・アガンベン著

岡田温司ほか訳

中味のない人間

二四〇〇円

二八歳で著された恐るべき処女作。ベンヤミンゆずりの政治と芸術の内在的連関、古代から現代までの自由な時間の往還。ここには、哲学、美学、詩学、言語学から、神学、政治学、法学、さらには医学史や生物学にまで及ぶ思想家のすべてがある。場なき場の哲学。

表示価格（税抜）は2006年6月

ピエール・ルジャンドル著西谷修／橋本一径訳

第Ⅱ講

真理の帝国

四四〇〇円

人と社会そして生命までもが経営・管理の対象となる時代にあって、人間の成立ち、ことば、儀礼、コミュニケーション、そして法と宗教を根本から問うドグマ人類学の重要性は大きい。本講義では、産業的西洋の分析を通じて、「科学主義」というドグマの呪縛を解く。

表示価格（税抜）は2006年６月

守中高明著

存在と灰

ツェラン、そしてデリダ以後

二四〇〇円

ツェラン、ハイデガー、ヘルダーリン、ブランショ、マラルメ、ブルトンなど、闘争する思考の場に身をおきつづけた思想家・表現者たちの言葉に肉薄し、「いま - ここ」から発する思考の強度を、独自の哲学として宣言する。気鋭の詩人による評論集。

表示価格（税抜）は2006年６月